Excision

Les jeunes changent l'Afrique par les TIC

Excision

Les jeunes changent l'Afrique par les TIC

Marie-Hélène Mottin-Sylla
&
Joëlle Palmieri

IDRC ✳ CRDI

Environnement et développement du Tiers Monde
B.P. 3370, Dakar, Sénégal
www.enda.sn / enda@enda.sn

Centre de recherches pour le développement international
CP 8500, Ottawa (Ontario) Canada K1G 3H9
www.crdi.ca / info@crdi.ca
eISBN: 978-1-55250-497-0

Langaa groupe d'initiative commune en recherche et publication
P.O. Box 902, Mankon, Bamenda
North West Region, Cameroon
Langaagrp@gmail.com
www.langaa-rpcig.net

Distribué hors de l'Amérique du Nord par African Books Collective
orders@africanbookscollective.com
www.africanbookscollective.com

Distribué en Amérique du Nord par Michigan State University Press
msupress@msu.edu
www.msupress.msu.edu

ISBN: 9956-616-39-7

Sommaire

Conclusions et recommandations

Ce texte respecte les règles de féminisation recommandées dans « Egalité des sexes et développement – concepts et terminologie » et « Quelques règles... pour rendre un texte épicène »

A la mémoire de Richard

Abréviations et sigles

AIDOS :   Associazione Italiana Donne per lo Sviluppo

BF :   Burkina-Faso

CEA :   Commission Economique pour l'Afrique

CI-AF :   Comité Inter-Africain sur les Pratiques Traditionnelles ayant effet sur la santé des femmes et des enfants

CRDI :   Centre de recherches pour le développement international

ENDA :   Environnement et Développement du Tiers Monde

EVF :   Education à la vie familiale

FAWE :   Forum des Educatrices Africaines

FRAO :   Fondation Rurale d'Afrique de l'ouest

GEEP :   Groupe pour l'Etude et l'Enseignement de la Population

IEC :   Information, éducation, communication

MGF :   Mutilations génitales féminines

ML :   Mali

ONG :   Organisation non gouvernementale

OCB :   Organisation civile de base

SMSI :   Sommet Mondial sur la Société de l'Infomation

SN :   Sénégal

SR :   Santé de la reproduction

SRA :   Santé reproductive des adolescents

TIC :   Technologies de l'information et de la communication

TIC-MGF : Projet Contribution des TIC à l'abandon de l'excision en Afrique francophone, rôle citoyen des jeunes

UNICEF : Fonds des Nations Unies pour l'Enfant

Table des encadrés

Table des planches

Remerciements

Nos remerciements vont, en premier lieu, aux **communautés de Bobo-Dioulasso (Burkina-Faso)**, de **Ségou (Mali)** et de **Tambacounda (Sénégal)**, ainsi qu'aux associations de jeunes de ces communautés qui ont pris part au projet TIC-MGF : **l'association Mousso Dambe** à Bobo-Dioulasso, **l'association Nietàa** à Ségou et les **Clubs EVF du Pôle régional du GEEP** à Tambacounda. Que les jeunes filles et les jeunes garçons, et les adultes qui les ont accompagné-es, qui ont participé, animé et enrichi les activités du projet trouvent ici l'expression de notre amitié et de notre reconnaissance. Celle-ci s'adresse en particulier à : **Manhamoudou Ouedraogo** et **Wassa Traore** au Burkina-Faso ; **Mariam Cheikh Kamate** et **Youssouf Maïga** au Mali ; et **Fatoumata Bathily** et **Richard Biesse** au Sénégal, qui ont pris part à l'évaluation du projet TIC-MGF et aux personnes ressources et participants du forum virtuel ouvert dans le cadre du projet.

La présente publication doit beaucoup aux chercheur-es, aux encadreur-es et aux consultant-es impliqué-es dans le projet : **Maria Bicaba Traore**, **Haoua Kone Tago**, **Wendkouni Fanta Kouraogo**, **Ousmane Traore** et **Toussaint Sankara** au Burkina-Faso ; **Safiatou Coulibaly Malet**, **Lanceny Diallo**, **Mohamed Baba Diarra** et **Demba Doucoure** au Mali ; **Foula Ba**, **Jacqueline Cabral**, **Mamadou Guène**, **Mbaye Babacar Gueye**, **Augustin Ndecky** et **Papa Ibrahima Thiam** au Sénégal ; **Seynabou Badiane**, **Mor Mbaye Ndiaye**, **Thiendou Niang**, **Issa Saka** et **Molly Melching**, **Joëlle Palmieri**, et **Fatimata Seye Sylla**, pour leur contribution intellectuelle et leur engagement citoyen durant l'exécution du projet. Qu'ils-elles trouvent ici l'expression de notre gratitude, ainsi que les membres du comité scientifique : **Daniel Annerose** (Manobi), **Nafissatou Diop** (Population Council) ; **Abdou Fall** (FRAO), **Morissanda Kouyate** (CI-AF) ; **Momar Lo** (Réseau des Parlementaires du Sahel Population et Développement) ; **Laurence Maréchal** (FAWE), **Khadidiatou Thiam** et **Jamylatou Thiam** (GEEP), **Maria Gabriella De Vita** et **Lalla Touré** (UNICEF), qui ont supervisé toute l'exécution du projet.

xvii

Au nom d'ENDA et des partenaires du projet TIC-MGF, je remercie particulièrement le CRDI, au travers de **Ramata Molo Thioune**, Administratrice principale de programmes au Bureau régional de l'Afrique occidentale et centrale (BRACO, Dakar, Sénégal), pour l'intérêt et la confiance manifestée envers le projet, ainsi que l'ensemble des collègues de **enda** qui ont soutenu les activités.

Marie-Hélène Mottin-Sylla
ENDA
Coordinatrice du projet TIC-MGF

Préface

En mettant les TIC et la contribution citoyenne des jeunes au cœur de tout effort et de toute stratégie d'abandon des MGF en Afrique de l'Ouest francophone, ENDA fait valoir une volonté de rupture très forte qui est à apprécier à sa juste valeur. Le premier défi pour les MGF aura été celui du mot : nommer l'innommable, dire l'indicible, donner du sens à ce qui ne pouvait en avoir au regard du droit et de la dignité humaine. En donnant la parole aux négresses plus de trois décennies plus tôt, Awa Thiam a laissé s'échapper de l'intime et du tabou, une pratique millénaire consacrée par la tradition, par la culture. Cette brèche fut amplifiée par le combat de nombre de femmes et de militants des droits humains. En utilisant le langage du droit, de la santé, en en faisant une affaire de femmes, ce combat s'est assigné involontairement des limites avec les biais cognitifs, culturels, méthodologiques et stratégiques qui ne pouvaient que compromettre l'atteinte de son objectif principal.

Le mérite de la démarche de ENDA réside très certainement dans la mise en exergue de trois types de déconstruction incontournables qui visent :
- l'assignation des MGF à un genre exclusif. Si les femmes subissent les MGF dans leur chair elles n'en sont pas pour autant les seuls acteurs ;
- l'ancrage d'une telle pratique dans un espace strictement privé. Il s'agit d'une question qui interpelle la société dans sa dimension politique ;
- sa corrélation directe à un terroir, une tradition, une culture.

Démontrer que les MGF relèvent du social, du politique et à ce titre engagent aussi bien les hommes et les femmes de la communauté humaine, c'est affirmer que seule une approche holiste peut y mettre fin. L'horizon de cette communauté humaine aujourd'hui n'est plus le terroir, dont les contours sont tracés par une mémoire qui donnent sens et légitimité à des us et coutumes à préserver au titre d'un patrimoine culturel, mais plutôt un village global dont les symboles et valeurs circulent d'autant plus qu'ils sont mis à disposition par les technologies de l'information et de la communication (TIC). Il s'agit, avec ces valeurs, de retrouver les chemins d'une humanité toute faite de dignité en renouant avec ce vieil mais toujours actuel impératif que Kant avait formulé : « il faut considérer autrui non comme moyen mais comme fin ». Aussi chercher à mettre fin aux MGF interpelle moins la mémoire, l'histoire ou encore la culture qu'un projet, un futur à construire, avec des valeurs profondément humanistes. Il s'agit certes de travailler à mettre un terme à des pratiques, mais au-delà, ce dont il est question, c'est travailler à construire une tradition dans le sens de ce qui est digne d'être légué. En ce sens Souleymane Bachir Diagne a bien raison de lire dans la tradition, non des valeurs déposées mais les évaluations et réévaluations qui s'y sont effectuées. L'érection de cette tradition proprement humaniste impose comme préalable le respect de la dignité humaine, celle qui ne saurait se concevoir sans le respect de son premier lieu : le corps humain et, encore plus, celui sacré de la femme parce que porteur de vie. Ce projet, cette tradition intègre naturellement les jeunes car ils sont destinataires et dépositaires de ce legs. C'est avec eux qu'il faut construire le monde de demain qui n'est déjà plus le nôtre mais très certainement le leur. Ce monde, ils l'habitent en étant connectés, en faisant ce va et vient permanent entre le réel et le virtuel, entre le local et le global. Cette marque de leur temps n'est-elle pas le plus bel instrument pour dire, sur chaque parcelle de notre planète, que la pratique des MGF est définitivement abolie ?

Aminata Diaw
Maître Assistant
Département de Philosophie
Université Cheikh Anta Diop de Dakar

Résumé

Quel a été **l'impact** de 25 années d'actions concertées engagées pour promouvoir, en Afrique de l'ouest francophone, **l'abandon** des MGF/excision ? **Comment** la question a-t-elle été traitée ? **Par qui** ? **Pour qui** ? Avec quels résultats ? En quoi, pourquoi, comment, par qui et pour qui la **révolution numérique** a-t-elle été, depuis 10 ans, mise à contribution dans la même perspective ? Si les **jeunes** sont les grand-es gagnant-es de la révolution numérique, comment ont-ils/elles été associé-es – **filles et garçons** – à cette entreprise qui les concerne au premier chef en tant que **victimes, sujets, objets, acteurs, citoyens, responsables et parties prenantes** familiaux et communautaires ? Quelles **questions de genre** posent l'excision et les TIC ? Pourquoi et comment serait-il pertinent, voire indispensable, de les **intégrer** dans une vision **stratégique** de développement **citoyen, public, privé et personnel** ? Le projet TIC-MGF **« Contribution des TIC à l'abandon des MGF en Afrique de l'ouest francophone, rôle citoyen des jeunes »** a été conçu et réalisé par **ENDA Tiers Monde**, avec le soutien du **CRDI**, avec la participation de trois associations locales de développement de trois villes secondaires du **Burkina-Faso, du Mali et du Sénégal**. Plusieurs activités combinant différents niveaux et méthodes de recherche, d'action et de formation, menées de manière exploratoire, transdisciplinaire, et participative, ont mis en lumière qu'à l'heure de la société africaine de l'information, l'abandon des MGF en Afrique **gagnerait à passer par l'intégration des jeunes et de la problématique de genre** aux stratégies et politiques relatives aux MGF axées sur **l'exploitation des caractéristiques citoyennes des TIC**. La société de l'information impose, en Afrique, une **nouvelle vision du développement**, axée sur **l'innovation conceptuelle et méthodologique**, la redéfinition de la gouvernance citoyenne selon les genres, pour atténuer la prégnance du système patriarcal qui aliène les hommes, pénalise les femmes et marginalise les jeunes. Il importe pour cela de politiser le concept de citoyenneté, ce qui implique la définition d'un nouveau paradigme de développement issu de la révolution numérique en

Afrique, de rendre visible l'invisible dans les rapports sociaux de sexe, intergénérationnels et régionaux, et de renforcer les capacités en matière de genre et citoyenneté.

Mots-clés

Excision, MGF, TIC, Technologies de l'information et de la communication, Société de l'information, Genre, Jeunes, Filles, Garçons, Développement, Citoyenneté, Gouvernance, ENDA, Analyse réflexive, Innovation, Concepts, Paradigme de développement, Problématiques, Recherche, Sciences, Savoirs, Méthodologies, Rapports sociaux de sexe, Relations intergénérationnelles, Vision, Stratégies, Action, Formation, Capacités, Afrique de l'ouest francophone, Burkina-Faso, Mali, Sénégal

Introduction

L a société africaine de l'information est en pleine expansion. Les technologies de l'information et de la communication (TIC) n'y sont plus une nouveauté. La vie quotidienne en est bouleversée, et nombre de certitudes et de pratiques en sont modifiées, en premier lieu chez les jeunes. On peut donc se demander s'il ne serait pas pertinent de voir les implications que cela peut en avoir, en Afrique et ailleurs, sur la façon dont l'excision est envisagée, abordée et traitée. Mais comment l'examiner ? La recherche dont ce document rend compte est parvenue à la conclusion que, **à l'heure d'Internet, l'abandon des mutilations génitales féminines (MGF)**[1], **en Afrique est d'abord une question de jeunes, de genre et de citoyenneté, ce qui impose une vision transversale du développement.** De ce fait, la présente publication cherche à transmettre la conviction que **mettre les jeunes et le genre au centre des problématiques de développement, à l'heure des TIC, permet d'accélérer l'abandon citoyen des MGF.**

Elle s'adresse à un **public scientifique et académique**, aux chercheur-es spécialistes des **sciences sociales** qui travaillent sur les questions liées au **développement** : **genre** et développement, **jeunesse** dans le développement, **MGF**, **TIC** et développement, **citoyenneté**. A partir des résultats et recommandations de recherche issues du projet TIC - MGF, elle expose les raisons pour lesquelles il serait important de **tenir compte des incidences de l'irruption de la société africaine de l'information** sur les politiques de société. A ce titre, elle devrait aussi interpeller les décideurs politiques, les responsables institutionnels, les parlementaires, et les chargés de projets de développement, sur la **nécessité de décloisonner les visions traditionnellement sectorielles du développement** pour intégrer, du fait de la pénétration des TIC en Afrique de l'ouest francophone, les jeunes et le genre au centre des processus citoyens et démocratiques.

25 ans pour l'abandon des MGF
Quel a été l'impact de vingt-cinq années² d'actions, de stratégies et de politiques coordonnées mises en œuvre autour de la question de l'excision, dans le monde, en Afrique, et particulièrement en Afrique francophone de l'ouest ? Comment et par qui la question de l'excision a-t-elle été envisagée ? Quelles initiatives et interventions en ont résulté, aux plans politique, stratégique et de terrain ? Dans quelles sphères, internationales, régionales, sous-régionales, nationales, locales, villageoises, communautaires, familiales, privées ? Quels en ont été les protagonistes, actif-ves, victimes, passif-ves ? Selon quelles méthodes ? Et quels en ont été les résultats ?

Sur ces questions, on assiste à l'émergence et l'adoption d'un **message politique et stratégique novateur**, basé sur les droits de la personne et la citoyenneté, que la révolution numérique, celle des TIC, ne fait que conforter. L'objet de cette étude est d'en éclairer les fondements conceptuels et méthodologiques.

10 ans de révolution numérique

Il y a maintenant une dizaine d'années³ que la société africaine de l'information s'est installée en Afrique francophone. La "révolution" de l'information est maintenant un fait accompli, mais si les pratiques et les usages de l'âge de l'information⁴ se sont, depuis, relativement banalisés, ses conséquences essentielles, en termes d'impact sur la vie des personnes et des communautés, n'en sont pas pour autant identifiés par tous et toutes, tant parmi les politiques, les décideurs que les populations, les jeunes, les "ainé-es", les femmes, les hommes. En quoi les nouvelles donnes de la société de l'information – ou plutôt de la **société de la connaissance**⁵ – bouleversent-elles – à la fois pour le meilleur et pour le pire - les **problématiques** de développement ? Comment les anticiper, ou les favoriser, en termes d'orientations **politiques** et **stratégiques** ? Comment formuler et articuler **les visions, concepts et méthodologies** que ces nouvelles problématiques font émerger et imposent ? Comment se transforme le rôle des différents **acteurs et actrices** de l'excision, y compris de ceux et celles qui ont été traditionnellement écarté-es de l'action, telles les personnes dites improductives, dont font partie les jeunes, les femmes, les personnes considérées comme inactives ? Quelles **évolutions** faut-il attendre de ces **innovations**, dans un contexte historique, politique, économique, social et culturel dont il semble nécessaire de tenir compte (Giraud, 2008) ?

Croiser les approches

En Afrique, la pratique de l'excision apparaît, en fin de compte, comme un miroir grossissant, révélateur (parmi d'autres[6]) des transformations structurelles, culturelles et imaginaires apportées par **l'innovation qualitative majeure** que représentent les TIC. Ces innovations sont à attendre, espérer, orienter et accompagner, au bénéfice du plus grand nombre, notamment les **jeunes filles, les jeunes garçons, qui sont déjà des aîné-es en puissance**. Cette hypothèse autorise le re-examen des vision, politique et pratique de l'excision dans une **perspective de genre, de génération, de citoyenneté, de démocratie et de gouvernance**, au travers de "lunettes sensibles aux TIC". Comment pourrait-on **utiliser la nouvelle donne que représentent les TIC pour faire significativement progresser l'abandon de l'excision** en Afrique de l'ouest francophone ? Dans quelle mesure, pourquoi et comment s'appuyer sur les jeunes ? Quelles répercussions faut-il en attendre sur les relations de genre ? Que peut-on en apprendre pour ce qui est de la promotion de l'exercice citoyen ? Comment orienter des recommandations stratégiques sur la meilleure contribution possible des TIC pour promouvoir l'abandon des MGF en Afrique francophone, **s'appuyant sur les jeunes et favorisant l'égalité de genre** ?

Rechercher la convergence

Le projet de recherche « **Contribution des TIC à l'abandon des MGF en Afrique de l'ouest francophone : rôle citoyen des jeunes** », a été mis en œuvre par ENDA en 2006-2008 avec l'appui du CRDI, selon une démarche qualitative, collaborative, participative, transdisciplinaire et fédératrice. Il a été mené à titre expérimental avec trois groupes de jeunes dans trois communautés excisantes d'Afrique francophone disposant de l'accès aux TIC, afin de chercher des réponses à ces questions. Cette publication détaille le principal résultat de recherche de cette initiative qui s'est révélée être passionnante, tant du point de vue des multiples acteurs et actrices qui s'y sont engagés que par l'ampleur de la vision qu'elle a dégagé. Le projet de recherche a montré **qu'à l'heure de la société africaine de l'information,** *l'abandon* **des MGF en Afrique demande à passer par l'appropriation centrale des jeunes, du concept de genre et de l'espace citoyen mondialisé généré par les TIC, approche qui suppose une** *vision* **transversale,** plutôt que sectorielle, **du développement.**

Le texte rappellera d'abord le **contexte** dans lequel se situent actuellement les questions de l'excision, du genre et des relations intergénérationnelles, de citoyenneté et de mondialisation, des TIC et de la société africaine de l'information, avant d'aborder la **méthodologie** qui a permis de conduire la recherche. Ensuite, il détaillera la **problématique** que la recherche a définie et enrichi, comme un paradigme transversal dans lequel les problématiques de développement que sont les MGF, le genre, la citoyenneté, les jeunes et les TIC, jusqu'ici abordées en autant de domaines disjoints, sont organiquement inter-reliées. La partie suivante en discutera les conséquences en termes de démarches de recherche, pour enfin synthétiser les principales recommandations politiques et stratégiques qu'il convient d'en retenir.

Notes

1. Dans cette publication, les termes « excision » et « mutilations génitales féminines » seront employés indifféremment. L'analyse de la rhétorique du débat terminologique sera développée plus loin.

2. Le projet s'est proposé de considérer 1984, année à laquelle a été mis sur pied le Comité Inter-Africain sur les Pratiques Traditionnelles ayant effet sur la santé des femmes et des enfants, comme marquant le début de l'action politique et stratégique *coordonnée* sur l'excision en Afrique et dans le monde.

3. Si on la fait remonter à l'apparition du World Wide Web en Afrique de l'ouest francophone (*circa* 1997) (Eveno et al., 2008).

4. La notion de société (ou d'âge) de l'information désigne une société dans laquelle se généralise la diffusion et l'usage d'informations, et qui s'appuie sur des technologies de l'information et de la communication (TIC) à bas coûts.

4

5. Dans la société de la connaissance règne une forte diffusion des informations et du savoir, mais l'accent est davantage mis, non pas sur les flux d'information et les réseaux qui les supportent, mais sur le savoir, l'expertise, la créativité, l'innovation, la connaissance. La vision est donc plus humaine même si cette société de la connaissance est portée par un développement technique. (http://fr.wikipedia.org/wiki/Société_de_la_connaissance)

6. Par exemple la graphie (le langage texto).

Excision : ouvrir les perspectives

La question de l'excision a toujours été jugée comme « sensible » (au sens de : dangereux), ce qui a profondément marqué la façon dont elle a été envisagée et traitée. Cette section propose d'examiner pourquoi et d'analyser de manière critique les concepts et visions qui ont prévalu dans le domaine de l'excision, afin de proposer de nouvelles pistes de réflexion.

Points de vue

Le but de la présente étude n'est pas de faire la lecture historique, géographique, ou typologique de la pratique de l'excision[1] ni des interventions qui se sont succédées, au cours des 25 dernières années pour tenter d'y mettre fin (ENDA, 2007a), mais de développer quelques **visions** en soulignant les principales **perspectives qui ont orienté les représentations – et donc les actions –** sur ce thème.

- L'excision a d'abord été vue comme une des manifestations de la **tradition**, jugée – de *l'extérieur* – « barbare » (par un voyageur de la Grèce antique, pour qui tous les non-grecs étaient des barbares) ou « curieuse » (par les missionnaires de la période coloniale), et défendue – de *l'intérieur* – comme *valeur* culturelle, voire religieuse, centrale. Cette perspective basée sur la *distanciation* (ou son contraire, l'*identification*) et le *jugement* ne peut mener qu'à *l'antagonisme*, au conflit, ce qui provoque inéluctablement des répercussions politiques. Actuellement, dans le droit fil des résultats des persévérants efforts déployés par les tenants du courant sanitaire (*rappelé ci-après*), une évolution capitale est en cours. Les plus hautes autorités du monde musulman ont proclamé (mais encore insuffisamment vulgarisé) que l'excision n'est pas une prescription religieuse, tout en refusant de la criminaliser (Université Al Azhar, 2006 et 2008). L'excision n'est plus défendue *que* par les tenants de la tradition, qui s'autoproclament être des « résistant-es »[2]. Mais qu'est-ce que la tradition ? Qui l'énonce et où est-elle énoncée ?

* Au début des années 1980, ont été mis en exergue des effets *néfastes* de la pratique sur la **santé**, considérée comme le « plus petit dénominateur commun » pouvant indiscutablement jouer un rôle *fédérateur* entre toutes les parties en présence. Cette approche s'est traduite par le fait que les principales stratégies menées de façon coordonnées l'ont été à l'initiative du corps médical et sanitaire, au sens large : celui des divers spécialistes en santé maternelle et infantile[3], en reproduction humaine et en démographie. Cette vision circonscrite de l'excision a eu l'avantage de mobiliser l'action *coordonnée* (de terrain, politique, législative, médicale), et notamment la connaissance *descriptive* de l'excision et de ses conséquences (prévalence, distribution, conséquences, raisons, connaissances, attitudes et pratiques...). Par contre, elle a eu l'inconvénient de placer le savoir et l'expertise sur l'excision à *l'extérieur* des cercles où l'excision est supposée faire « problème ». De ce fait, **(1)** le **discours** sur l'excision est distancié, et basé sur le *jugement* ; **(2)** un **corps** d'expertise constitué en **institutions** centrées sur la recherche, l'évaluation, la décision, la communication, et fonctionnant selon des **problématiques** et **méthodologies sectorielles**, s'est constitué comme centre de pouvoir et de décision à l'extérieur des communautés ou l'excision est pratiquée ; **(3)** vue comme une question relevant de la **décision individuelle** et concernant les **femmes** et les **enfants**, les interlocuteurs communautaires associés à l'action *contre* l'excision sont ceux et celles qui ont autorité sur les femmes et les enfants : les femmes en position d'autorité (les mères de famille, les vieilles, les exciseuses) et les hommes en tant que décideurs (les décideurs politiques à tous les échelons, les religieux, les communicateurs). Cet situation comporte deux travers : **(a)** l'occultation de la large **subordination** – en termes de

8

décision notamment – de l'individu-e à la communauté et **(b)** la **marginalisation** de toutes celles et ceux qui n'ont pas « le pouvoir » dans les communautés, les femmes et les jeunes notamment, les jeunes filles en particulier. Malgré son intérêt initial, **l'approche par la santé a montré ses limites en termes de citoyenneté et donc de développement durable**, comme l'illustrent les cas de médicalisation de la pratique[4] et l'abandon de la stratégie centrée sur « l'abandon des couteaux » par les exciseuses[5].

• La **stigmatisation** de la pratique de l'excision, comme pratique **violente discriminatoire** et **sexiste** et déni de **droit,** a été énoncée par les **féministes** et les mouvements de défense des **droits de la personne**, dans le fil des grandes conférences mondiales et régionales des décennies 1980 et 90, qui se sont traduites par nombre de conventions internationales et régionales. La problématique basée sur la protection des droits personnels des femmes et des enfants a été largement adoptée par les institutions actives sur l'excision, notamment en termes de traitement **juridique** de la question. Elle a cependant conforté la représentation de l'excision comme pratique **victimisante**, avec les incidences perverses que ce regard peut induire[6].

• Parallèlement, il semble que l'analyse de l'excision en termes de **genre** n'a pas débordé le cadre de l'analyse féministe. L'excision est principalement vue comme une « *affaire de femmes* » qui ne concerne les hommes que pour autant qu'ils aient un pouvoir de décision publique sur la condition des femmes, et non comme une question interpellant en propre, y compris en privé – *et non seulement par délégation* – **le genre masculin**. Négliger d'analyser l'excision comme une **question de genre,** interpellant pleinement les deux genres, et pas « seulement » les femmes, peut contribuer à expliquer l'insignifiance de l'abandon de la pratique de l'excision malgré un quart de siècle d'action publique déterminée.

9

• L'approche guidant les actions de Tostan[7] depuis une quinzaine d'années révèle un contraste conceptuel majeur. Centrée sur une vision **positive, holistique, participative,** basée sur **l'appropriation communautaire** des droits humains et la **négociation collective,** et particulièrement prometteuse en termes de **citoyenneté,** elle a su convaincre de sa pertinence en termes de développement humain durable et en termes d'efficacité(UNICEF, 2008) au point que les institutions internationales s'en inspirent pour recommander de nouvelles stratégies d'action (*voir Encadré 1*), et que le Sénégal s'est proposé de la retenir comme stratégie nationale (République du Sénégal, 2008).

Encadré 1 - Six éléments-clés pour le changement

L'abandon de l'excision/MGF : six éléments-clés pour le changement et pour la promotion de l'abandon rapide et collectif de cette pratique (UNICEF, 2005b)

• *Une* **approche non coercitive et non critique** *dont l'objectif premier est le respect des droits humains et l'émancipation des femmes et des filles, en particulier en termes de santé et d'éducation.*

• *Une prise de* **conscience collective** *des dégâts provoqués par la pratique.*

• *La* **décision collective** *d'abandonner la pratique en tant que choix d'un groupe capable d'organiser et de réaliser des initiatives collectives.*

• *La* **déclaration communautaire explicite et publique,** *de l'engagement collectif d'abandonner l'excision et les MGF.*

• *Un* **processus de communication** *méthodique enclenchant une dynamique sociale pouvant servir à accélérer et promouvoir le processus d'abandon.*

• *Un* **contexte politique public, civil et médiatique propice** *au changement : mesures et législation sociale appropriées, campagnes et programmes de sensibilisation.*

Protagonistes, politiques et stratégies

Depuis 25 ans, les principaux-les **acteur-es** qui se sont successivement engagées dans l'action publique sur l'excision ont d'abord été des **femmes,** actives pour la promotion de la condition des femmes africaines, et des féministes, notamment des **féministes africaines**[8]. Elles ont agi dans le cadre d'organisations de la **société civile** (ONG et ONG de femmes, relayées par les OCB), qui ont stimulé et agi en partenariat avec les **services publics en charge de la santé, de la femme et de l'enfant** (ministères, mécanismes nationaux, instances gouvernementales spécifiques[9]). Les **institutions régionales, de coopération bi- ou multilatérale**[10] **et internationales en charge de la santé, de la femme et de l'enfant, de la démographie, des politiques publiques de développement**[11], y compris celles du système des **Nations Unies,** leur ont apporté leur appui. Ces militantes ont appuyé leurs stratégies sur les résultats des recherches menées par les institutions internationales ou régionales, privées ou para-publiques, de **recherche en santé de la reproduction**. Dans leurs interventions, toutes les initiatives ont cherché, en plus de sensibiliser les femmes, à associer les **décideures**, à tous les niveaux (y compris les Premières Dames et les législateurs), les **leaders** d'opinion (religieux et communautaires), les **communicateurs** (y compris les communicateurs traditionnels). Cependant, il est important de noter que les **communautés** ont été associées en tant que « cibles/bénéficiaires » et non actrices de la mise en œuvre des programmes conçus et financés par les institutions.

Les **politiques et les stratégies** ont porté sur :

*   **la sensibilisation, la communication sociale et le plaidoyer politique et communautaire** : par le biais des stratégies IEC (causeries, émissions radio, télévision, journées nationales, publications, films, conférences, déclarations, campagnes…), à partir de messages conçus par les expert-es en communication sanitaire et sociale, visant à modifier les comportements **individuels** à partir de la mise en évidence des **dangers** de la pratique.

*   la **prévention sanitaire,** par l'information sexuelle (mannequins de démonstration, publications, etc) à destination **des femmes en âge de procréer** ou au-delà,

et intégrée à l'éducation à la vie familiale (au Sénégal) à l'intention du public scolaire, avec, dans certains pays[12], la réparation chirurgicale ;

- la **recherche** (statistique, sociologique, clinique…) visant à mieux connaître l'ampleur de la pratique de l'excision, le degré de connaissance, les attitudes et les pratiques des populations excisantes, et **l'évaluation de l'impact des politiques**, stratégies et actions de terrain ;
- **l'action légale et juridique** interdisant l'excision et punissant, dans certains pays (Burkina-Faso, Sénégal) mais pas tous (Mali), ceux-celles qui la pratiquent et/ou la commanditent. L'impact de cette stratégie a été très controversé, mais l'est de moins en moins, au point que la tendance actuelle est de préparer une « loi-type » régionale harmonisant l'interdiction, la criminalisation et la sanction de l'excision[13]. Ce n'est pas tant la **pertinence d'une interdiction légale** de la pratique qui serait ici à mettre en question mais les **modalités** selon lesquelles elle est édictée, depuis « **le sommet** », l'accent étant mis sur la **répression** pénale, difficilement applicable, diversement appliquée, et facilement circonvenue par le franchissement des frontières par les « résistant-es »[14].
- **L'action communautaire**, faisant de la déclaration collective publique d'abandon de l'excision un sous-produit – éventuel – de l'éducation aux droits de la personne. Cette stratégie, en contrepoint des précédentes, mise sur une démarche **valorisante** visant à la prise de conscience **collective** et globale de l'importance des **personnes dans les communautés**, du repérage des **réseaux matrimoniaux**, et de la **théorie des jeux**[15], dont le principal intérêt, en termes de développement collectif, est que **toutes les parties gagnent ensemble**.

Quel débat, entre le non-dit et l'indicible ?

En regard de ces approches, la question se pose de savoir quelle **communication** permet d'aborder la question de l'excision. A quelle **terminologie** est-il fait recours ? L'excision féminine touche au **sexe** des femmes, à la sexualité des deux genres, hommes et femmes, à **l'intime du corps et des sens.** En ce sens, **l'expression de l'intime** requiert une attention particulière et pourrait constituer la base d'une autre stratégie d'abandon. Mais, est-il possible, et comment, de parler **en public** de l'intime, de chairs, de pratiques et de lieux tabous car enfouis sous l'indicible, au nom **de la pudeur et du respect, valeurs culturelles centrales dans les communautés d'Afrique francophone** ? Faut-il recourir aux circonlocutions et autres figures oratoires[16] qui *détournent* l'attention de la crudité, et/ou de la cruauté de la pratique - l'ablation à vif, sur des êtres dépendants, de l'organe de plaisir sexuel ? Ou la ou l'attirer sur le *sens* qui la justifierait : la purification, l'embellissement, la tradition (Sembene, 2005) ? Ou encore utiliser un langage technique, *insensible* mais certainement pas *neutre*[17], tel que le langage médical[18]. Pour réintroduire le **vécu, vif et vivant** de cette *violence* subie par des femmes, faut-il **forcer** sur l'image (*mutilation, coupure*[19]), quitte à **occulter l'intention affichée** de la pratique (*honorer*) ? La plus récente théorie, vulgarisée par Tostan, est que l'excision garantirait la capacité des filles au mariage (et donc la pérennisation des lignages) : comment le repérer dans les discours et pratiques des différent-es acteurs-trices, individuels et collectifs ?

D'un côté, on constate **l'innommable**[20], le **« non-dit »**, **l'innommé** (*Voir Planche 1*), qui révèle l'incapacité de penser hors d'une rhétorique sacralisée, codée, rituelle. Les langues des ethnies qui pratiquent l'excision l'ont nommée et donc pensée, raisonnée[21], mais les mots pour le dire sont couverts par **le tabou, le sacré et la pudeur,** l'enfermant dans les espaces **privés.** D'où la difficulté pour les femmes, culturellement et charnellement concernées par l'excision, de la dire avec leurs propres mots, **faute d'espaces ou de formes d'expression adéquats.**

De l'autre côté, il y a alternance et contradiction entre **(1)** la dénomination de « mutilation génitale féminine » qui traduit une violence (de fait), une violation (délibérée) de l'intégrité féminine et **(2)** le terme « excision » qui fait appel à la distanciation chirurgicale, et révèle **l'indicible, l'incapacité à penser. Cette limitation** dans l'expression s'accompagne pourtant d'un **acharnement à vouloir dire,** à **chercher à nommer** des choses qui se situent en deçà de la parole, qu'il n'est pas possible de dire, de penser, de ressentir, quand

Planche 1 – L'indicible et le non-dit

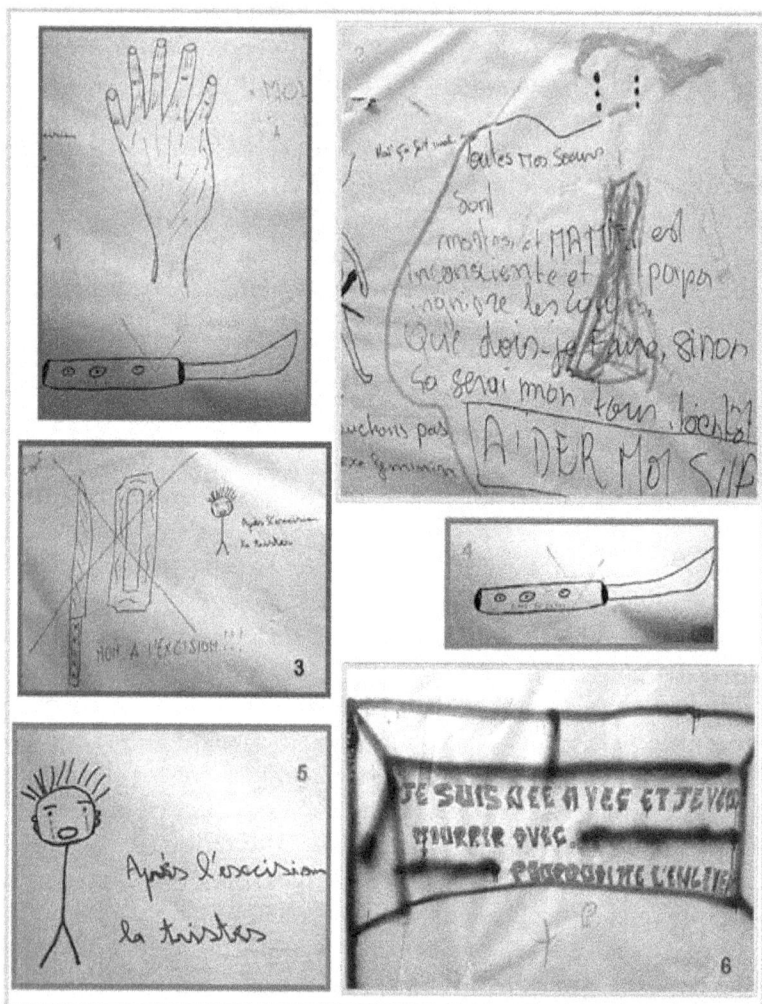

2— « Tous mes sœurs sont mortes et Mami est inconsciente et papa i(n)g(n)iore les causes. Que dois-je faire, sinon ça serai(t) mon tour, bientôt. AIDER MOI SVP. » ;

5— « Non à l'excision ; Après l'excision, la tristes(se) » ;

6— « Je suis née **avec**, et je veux mourir **avec**. Pourquoi me l'enlever ? ».

on n'est pas culturellement, ethniquement et charnellement, concernée par l'excision. Cette impossibilité de penser, ressentir, dire cet acte, accule à l'empathie, obligeant à effectuer des va-et-vient entre *sentiments* d'effroi et *efforts* de distanciation. De fait, **l'excision féminine n'a pas de nom.** Toutes ses appellations sont des représentations sujettes à interprétation et donc à polémique. Aussi, pour dépasser le débat sur « pour ou contre » l'excision, il semble nécessaire d'élargir les perspectives, d'une façon résolument positive et inclusive. Il semblerait que cette approche soit en train de prévaloir en Afrique francophone de l'ouest.

Encadré 2 - Dialogue entre « résistants », gardiens du passé et jeunes, ouvert-es au futur

Argumentaire des « résistants » (énoncés par un homme, adulte)

Nul ne peut affirmer que le prophète et les livres sacrés **interdisent** l'excision, **qui est d'ailleurs** une pratique anté-islamique. La circoncision féminine est le pendant de la circoncision masculine, **tradition abrahamique** : rejeter l'excision des filles c'est, **à terme, menacer d'intervenir sur le sexe des garçons africains.** Nous sommes nés de cette tradition **culturelle, symbolique et initiatique** dont les **étrangers** n'ont pas à se mêler. L'Occident ne cherche **qu'à faire des autres des pantins à son image**, en procédant à un **génocide culturel.** Ce sont **« les MLF »** qui ont créé **les MGF.** L'Europe de l'Inquisition avait des pratiques sexuelles identiques sur les **« pauvres femmes ».** Les **intellectuels africains, « pauvres passagers de l'arche »,** se laissent **toujours manipuler** par la **mission civilisatrice** de l'occident, le **fardeau de l'homme blanc aidé par les tirailleurs.** La chirurgie esthétique gynécologique est d'ailleurs en plein essor, instrumentalisant la féminité à des fins pécuniaires. Pourquoi tout ce tintamarre ? Si elle est bien faite, l'excision ne pose aucun problème de santé ni psychologique. Ceux qui luttent contre la circoncision **sont-ils des croyants ?** Sont-ils **honnêtes ? L'Afrique** a d'autres problèmes plus cruciaux que cette question **superfétatoire**, et les femmes africaines ont **d'autres tares bien plus cocasses** que l'excision. Quelles maladies sont causées par l'excision ? Moi je suis dans le camp des résistants, **et je suis libre d'honorer** les femmes, nul n'a le droit **de contrevenir à un des fondements de la société**, l'excision est valable.

Contre-argumentaire de jeunes (garçons et filles)
Nous n'en ferons **pas tout un débat, il nous suffit de savoir** les conséquences, et de nous rendre compte de **nos vécus.** Le discours de la résistance est **émotionnellement traumatisant mais utile**, il nous sert et nous servira à réfléchir pour créer des réponses adaptées à nos différentes localités, pour **être en mesure d'argumenter.** Nous luttons contre l'excision sur la base de notre engagement **personnel.** Nous comprenons que le discours des résistants est **lié aux conflits de génération.** Nous ne sommes **pas dupes des manipulations et amalgames** présentés dans le discours des résistants. **Nos convictions** sur la véritable nature de la loi divine et de la culture ne sont pas ébranlées par la religion et la tradition telle qu'elle nous est présentée. **Les traditionalistes n'hésitent pourtant pas à utiliser les outils de la modernité.** Nous respectons sa liberté d'expression mais nous avons **le devoir** de dire la vérité. Nous **croyons que la culture africaine peut bel et bien évoluer**, et nous savons que l'excision est **une politique ancienne** qui vise à mettre la femme au deuxième rang de la société. **Les hommes** ne se rendent pas assez compte de ce que c'est que l'excision.

(ENDA, 2008h)

Impacts : un bilan mitigé
Comment mesurer l'abandon ?
Un long chemin a été parcouru en l'espace d'une génération. L'excision est passée du statut de **tabou**, de **l'intime indicible,** à celui de question publique, dont il est possible de **parler en public sans risquer l'anathème**. Ce parcours est le fait de personnes qui

se sont constituées en **forces civiles**, agissant en plein **partenariat** avec les services publics. Qualitativement, un immense travail de **vulgarisation** et de **plaidoyer** a été mené, avec presque toutes les composantes sociales. Presque tout est maintenant connu de la pratique de l'excision : son ampleur, ses formes, sa prévalence, ses conséquences, ses justifications, etc.

Pour autant, la pratique a-t-elle quantitativement **régressé** ? Assez peu, semble-t-il[22], en regard des efforts déployés. Mais il est difficile, et peut être même d'un intérêt relatif, de statuer sur la question. L'excision étant perçue comme pratique relevant de la **décision individuelle** – principalement celle des mères sur la sexualité de leur fille – les méthodologies de suivi-évaluation ont porté sur l'aspect **quantitatif** relatif au statut ou aux intentions face à l'excision des personnes excisantes ou sujettes à l'excision. Ce parti pris n'a pas été sans poser nombre de réserves en termes de **fiabilité**. En effet, pour des questions déontologiques, la plupart des études se fient aux **dire** des personnes plutôt qu'à **l'observation directe**. Et il est délicat de chercher à extrapoler des résultats d'enquêtes, souvent ponctuelles, menées dans des perspectives et avec des méthodologies **différentes**.

L'innovation conceptuelle amenée par la mise en évidence de ce que l'excision est **une pratique communautaire – outrepassant les capacités individuelles de décision –** bouleverse ces méthodologies classiques de suivi-évaluation. En effet, cette approche mesure son succès au nombre de déclarations **communautaires publiques** appelant à l'abandon collectif de l'excision[23], plutôt qu'en la détermination du nombre de personnes excisées. Cette méthode d'évaluation d'impact a elle aussi été largement contestée, car l'estimation du nombre de villages pratiquant l'excision reste hypothétique, et dans nombre de villages qui se sont publiquement déclarés contre l'excision, des cas individuels de transgression de la décision sont rapportés. La résistance au consensus collectif se concrétise notamment par la migration vers les communautés, pays ou régions limitrophes dans lesquelles l'excision n'est pas interdite, ce qui constitue actuellement l'argument principal en faveur de l'intégration africaine des politiques visant à bannir juridiquement l'excision. Il reste encore certainement du travail à réaliser, en termes de **conception de méthodologie d'évaluation de l'abandon de**

l'excision, qui pourrait conjuguer tous les aspects de la question, combinant le privé et le public, les statistiques individuelles, nationales ou locales et d'autres indicateurs tels que la détermination communautaire publique, l'action juridique et pénale, etc.

Renverser les logiques politiques

Les organisations de femmes pionnières dans l'action sur l'excision ont trouvé leurs allié-es les plus engagé-es au sein des organisations régionales et internationales. Convaincues par leur plaidoyer, celles-ci ont adopté des conventions internationales et régionales[24], dont les dispositions devraient être traduites dans les appareils nationaux et dans les décisions locales. Les limites de ce type de processus, décidé **au sommet** et faisant peu appel à la **participation**, se sont révélées dans les péripéties locales liées à l'adoption et **à l'application des lois** statuant sur l'excision dans les pays qui s'en sont dotés[25]. En effets, de tels processus traduisent des principes politiques faiblement participatifs, entérinant **la primauté de la loi et du groupe** sur le **droit et la personne**[26], ainsi que celle des **devoirs** sur les *droits*. Cela n'est pas sans conséquence sur la perception de ce que représentent et signifient la **citoyenneté** et le **lien social**.

La méthodologie initiée par Tostan rompt avec cette logique, en adoptant une démarche allant **du bas vers le haut**. Centrée sur l'appropriation des droits de la personne dans et par la/les communauté-s et le développement des capacités communautaires, elle débouche sur **des avancées convergentes** en termes de développement humain durable : abandon de l'excision, des mariages précoces et/ou forcés, promotion de la santé, de l'éducation, des droits et du statut des femmes, des filles et des enfants, du développement durable et de la démocratie communautaire.

Rajeunir les stratégies de communication

La principale stratégie de promotion de l'abandon des MGF, développée à l'instar des recommandations des institutions internationales de coopération au développement intervenant depuis les années 60 pour promouvoir le changement social, a porté sur la **communication,** et notamment la sensibilisation, l'**IEC**, le plaidoyer... Dans le domaine de l'excision, comme dans d'autres, elle a fait la preuve de son efficacité pour ce qui est de **vulgariser un message simple** : *l'excision est une pratique dangereuse, qu'il conviendrait d'abandonner*[27]. Mais les arguments de nature à étayer ces affirmations n'ont pas pour autant été rendus publics, car ils touchent à des terrains dits « sensibles » (risqués), dont la sexualité, la religion, la culture.

L'analyse critique de l'apport et des limites de l'IEC (Naji, s.d.), en tant que stratégie de communication pour le développement, souligne que son **efficacité reste équivoque**, en ce qu'elle est **faiblement interactive**, délibérément **unidirectionnelle** et **verticale** (du haut vers le bas), **peu ouverte à la créativité**. Elle est souvent imprégnée d'**a priori** relatifs aux pratiques et aux populations **cibles** de la stratégie, perçues comme des populations rurales en marge de la modernité, aux croyances rétrogrades, et peu réceptives au changement, sans compter que les personnes qui sont chargées de sa mise en œuvre partagent souvent les mêmes **croyances traditionnelles.**

Les activités d'IEC sont conduites avec le concours de services publics faiblement disposés à partager le pouvoir de décision avec ces populations. « Ce faisant l'IEC se retrouve au cœur de la question des pouvoirs dans ces sociétés » (Naji, op.cit.). Malgré leurs indéniables résultats, les stratégies de communication, menées avec tous les **moyens** disponibles (communication écrite, orale, radiophonique, télévisée, interpersonnelle, par les pairs, lobby…) n'ont pas vraiment **évolué,** en dépit de la récente révolution de la communication et de l'information. Les TIC ont été saisis par les institutions (surtout internationales) en termes d'outils de **communication institutionnelle**[28] centrée sur l'échange d'informations entre institutions et expert-es, mais peu en termes de **stratégie d'intervention**, à l'exception notable du site web **Stopfgmc** coordonné par AIDOS à l'intention des médias. L'innovation principale qu'apporte la révolution numérique, celle de **l'interactivité** et de **l'hypertexte**, n'a pas été décelée, ni saisie comme innovation culturelle, politique et stratégique, ce qui s'avère particulièrement regrettable et dommageable en termes de communication communautaire et d'action politique. De plus, les stratégies de communication ont ciblé principalement les femmes d'âge mûr, organisées en collectifs, et les femmes et les hommes en situation de « pouvoir ». Les jeunes n'ont été que marginalement associé-es dans les actions, et jamais dans les **décisions**. S'ils ont très bien « capté » le message instituant que l'excision était risquée et néfaste, ils n'en sont pas pour autant davantage informé-es des risques et enjeux qu'elle représente.

Notes

1. Une recherche sur les mots-clés « excision+historique » menée sur le Web ouvre sur une large documentation de cette question.

2. Voir encadré 2.

3. 1984 : création du Comité Inter-Africain sur les Pratiques Traditionnelles ayant effet sur la santé des femmes et des enfants.

4. Signalée, par exemple, au Mali, en Guinée.

5. Notamment au Sénégal.

6. « Un des dangers de la sacralisation de la victime est qu'elle empêche à la personne concernée de sortir de cet état psychologique de victime. » (http ://fr.wikipedia.org/wiki/Victimisation)

7. Tostan signifie éclosion, en wolof.

8. L'alerte publique lancée dans le contexte du mouvement féministe international (Awa Thiam, 1978) a rapidement été réappropriée par les féministes africaines (AFARD/AAWORD,1983) dans le cadre de leur propre revendication identitaire et culturelle.

9. Par exemple : Secrétariat Permanent du Comité de Lutte contre l'Excision (Burkina Faso).

10. Par exemple : GTZ (Allemagne), Save the Children – Radda Barnen (Suède), AIDOS (Italie)…

11. Par exemple : Réseau Intact.

12. Par exemple au Burkina-Faso.

13. Sur le modèle des lois-types qui ont été passées sur la santé de la reproduction et la prévention du SIDA.

14. La rhétorique sur la résistance est analysée note 27.

15. « La théorie des jeux constitue une approche mathématique de problèmes de stratégie tels qu'on en trouve en recherche opérationnelle et en économie. Elle étudie les situations où les choix de deux ou plusieurs protagonistes ont des conséquences pour l'un comme pour l'autre. (…) Elle est utilisée dans la théorie de la négociation ; elle permet d'aborder de façon mathématique des questions jusque-là restées d'ordre philosophique, comme la morale. » http ://fr.wikipedia.org/wiki/Théorie_des_jeux.

16. http ://www.espacefrancais.com/style.html ; http ://fr.wikipedia.org/wiki/Rhétorique.

17. Un discours « insensible », lisse, n'est jamais neutre, il donne la voix à un système dominant, en l'occurrence fondé sur le pouvoir du masculin (Dorlin, 2008).

18. Définition UNICEF / OMS : « L'excision est la forme la plus fréquente des mutilations génitales féminines (MGF), terme qui désigne l'ensemble des procédures chirurgicales consistant à enlever, en partie ou dans leur intégralité, les organes génitaux externes de la fille ou de la femme, où à les meurtrir d'une quelconque autre façon, pour des raisons culturelles ou autres que thérapeutiques ».

19. Cutting, en langue anglaise, qui ne connaît pas d'équivalent pour le terme excision.

20. « Ce qui, en nous, résiste à toute nomination est un absent qui cherche à se faire entendre ». http://himmelweg.blog.lemonde.fr/2006/09/26/2006_09_linnomable/

21. Hypothèse Sapir-Worf : « Le fait est que la « réalité » est, dans une grande mesure, inconsciemment construite à partir des habitudes linguistiques du groupe » http://fr.wikipedia.org/wiki/Hypothèse_Sapir-Whorf. « C'est dans notre langue que nous « coulons notre façon de raisonner ».

22. Les avis divergent sur l'ampleur du recul de la pratique de l'excision durant les vingt dernières années : l'UNICEF (2005) estime que l'abandon de l'excision chez les générations jeunes est net et général dans la quasi-totalité des pays. Par contre, Population Reference Bureau (2001) l'évalue à quelques pour-cent seulement. Les deux sources s'accordent pour estimer que le déclin de l'excision se manifesterait de préférence dans les milieux urbains, davantage éduqués, et jouissant de revenus plus importants. Toutefois, le recul de la pratique de l'excision dans les villages touchés par les Déclarations Publiques

d'abandon serait significatif (UNICEF, 2008). Comment concilier ces conclusions avec celles qui annoncent, sans souvent le justifier, le doublement en quinze ans du nombre global de femmes excisées et présentant le risque de l'être dans le monde ? Comme le résume Population Council (Shaaban et Harbison, 2005), « En dépit de son enracinement culturel, et même sans intervention ciblée, on observe un progressif abandon dans nombre de pays ». (notre soulignement)

23. « A ce jour (3 février 2009), 3 548 villages ont collectivement abandonné l'excision au Sénégal- 298 en Guinée. » (Tostan, in : ENDA, 2007-2008).

24. Par exemple le Protocole à la Charte Africaine des Droits de l'homme et des Peuples Relatif aux Droits des Femmes.

25. Voir par exemple : http://criged.org/index. php? view=article &catid =29:genre-jeunesse-sexualite&id=52:tolerance-zero&tmpl= component &print=1&page=et ENDA (2007b,c,d).

26. Sur le débat Loi et Droit, voir : http://fr.wikipedia.org/wiki/ Droit#La_loi_et_le_droit;http://www.stephane.info/ show.php%3Fcode%3Dweblog&direct%3D641&lg%3Dfr.

27. Ou, du moins, qu'il est plus prudent de pratiquer dans la clandestinité.

28. Notamment plusieurs CD-Roms.

Clarifier les lectures

*La question du **genre** a le plus souvent été vue comme concernant principalement – voire uniquement – les femmes. Le concept de **génération** est encore largement occulté, au détriment des jeunes. L'idée de la **citoyenneté** – et celles de la démocratie et de la gouvernance, qui y sont liées – est considérée comme trop « politique » (sensible, risquée) pour être abordée sans précautions. Et l'option sur les **TIC** comme enjeu de développement est marquée par le fantasme et l'imaginaire. Pour lier chacun de ces concepts dans une problématique **convergente**, il faut en explorer les histoires et les dérives.*

Identifier les biais

Avec le recul de 25 années d'engagement pour l'abandon de l'excision, il est maintenant plus facile de cerner sur quels **biais cognitifs** (visions, concepts), culturels (principes, politiques), méthodologiques et stratégiques sont basées les initiatives et interventions institutionnelles publiques menées sur l'excision, les résultats auxquels cela aboutit et les possibles perspectives de renouvellement.

Affaire de femmes, question de genres

La question de l'excision a toujours été considérée comme concernant les femmes et donc comme une « **question de femmes** », liée principalement, voire uniquement, au **genre féminin**. De ce fait, les actions de terrain ont presque exclusivement concerné les organisations de femmes, en tant qu'actrices, relais ou bénéficiaires. Les **hommes** – du moins ceux d'entre eux qui sont identifiés par leurs fonctions **publiques** (les décideurs, communicateurs, leaders religieux…) – n'ont été impliqués dans la question de l'excision que comme « **défenseurs** » (publics) des femmes (définies par leur rôle social de mères, filles, tantes, aïeules…) « **victimes** »[1] de l'excision. On a commodément ignoré que le **genre masculin** - les hommes (au travers de leur rôle social en tant que pères, époux, fils, frères, oncles, aïeux…) - peut avoir une **sensibilité** personnelle **et** socialement construite, explicite, même si non exprimée, relativement à la question de l'excision. Ils reçoivent une **éducation genrée**[2] sur cette question, du type « la sexualité relève du domaine privé ». Ils connaissent des **intérêts de genre** – notamment en termes de pouvoir de décision et de responsabilité agissante - spécifiques à leur *appartenance* au sexe masculin, à faire valoir dans la question de l'excision, en dehors et au-delà d'un rôle de **solidarité/protection** qu'ils ont (ou auraient) à entretenir envers les femmes et le genre féminin.

Marginalisation et mondialisation

Le statut de l'excision a toujours été marginal. En tant que pratique, elle l'est globalement en ce qu'elle ne concerne, à l'origine, que certaines régions, certaines ethnies[3]. En tant que pratique sociale intervenant sur le privé (le sexe) des femmes, elle est invisibilisée[4], tabou, indicible. Quand elle est finalement devenue une préoccupation publique[5], elle a volontairement été cantonnée à l'espace des femmes.

En tant que domaine de recherche, elle constitue une **annexe** de la santé reproductive, connue, en termes de prévalence, au travers de quelques questions additionnelles aux Enquêtes démographiques et de santé. Hormis un regain d'intérêt suscité par sa contribution théoriquement possible à la propagation du SIDA, l'excision n'est jamais vraiment sortie de son statut marginal. Bien qu'elle se soit répandue dans le monde avec les migrations internationales, l'excision ne semble pas être concernée par **l'évolution actuelle de l'Afrique**, et notamment son entrée dans une **société mondialisée**. Cette marginalisation se traduit par le fait que seules certaines catégories de personnes – les **expert-es** de l'excision, et, dans les communautés excisantes, **le personnel de santé et les organisations de femmes** – connaissent plus ou moins le **contenu** de la question, alors que la grande masse de la population est « simplement » sensibilisée, par les médias notamment, au **spectaculaire** de la question. Les jeunes, et en particulier les jeunes hommes, font partie de cette seconde catégorie, y compris dans ces communautés excisantes.

L'excision n'a jamais donné lieu à **partenariat**, alliance, avec les secteurs « **modernes** » de l'Afrique : il est par exemple difficile, pour des banquiers ou des techniciens des TIC (par exemple), de saisir en quoi l'excision les concerne.

Questionner les normes du savoir

Les savoirs sur l'excision ont principalement été construits au sein d'**institutions de recherche,** financées dans le secteur politico-économique stratégique de la **démographie et la santé de la reproduction**[6] par des fonds publics et parapublics[7]. Ces institutions formalisent des **normes, pratiques et méthodes** scientifiques **sectorielles,** traditionnellement très dominées par le **quantitatif,** ce qui se ressent indéniablement dans les **profils et les méthodes** intervenant dans le processus de recherche.

Le **statut de chercheur-e,** attribué par les institutions et les pair-es, s'avère à la fois codifié et flou. Ainsi, sont reconnus comme chercheur-es des profils dont les formations et capacités sont davantage d'ordre **technique** (conception et administration de protocoles de recherche, traitement des résultats de recherche) que témoignant de capacités et compétences **d'analyse conceptuelle et critique des résultats de recherche**.

Les principes et **méthodologies** de recherche s'inspirant du positivisme scientifique[8], basées sur les « sciences positives » (médecine, statistique, droit), s'intéressent davantage au « **comment faire** » qu'au « **pourquoi** », faisant abstraction du **questionnement sur le sens**[9] (Grawith, 2001).

En Afrique francophone, les méthodologies d'observation et de recherche sur l'excision ont ainsi peu évolué, produisant (et reproduisant) trop souvent **le même type de données, de résultats et de conclusions de recherche**, principalement axés, sans aucune **controverse dynamique,** sur la prévalence et la description de la pratique, l'impact des interventions institutionnelles, ainsi que la nécessité de la loi.

Pourtant, depuis 25 ans, les **sciences** de l'observation et du comportement (éthologie humaine) ont largement évolué, dans un **contexte** qui lui-même a qualitativement changé. En Afrique de l'ouest francophone, en particulier, qui n'a pas connu de réelle ère industrielle, ne pourrait-on faire l'hypothèse que l'avènement de la société africaine de l'information marque l'entrée dans le post-modernisme africain ? L'approche **mono-disciplinaire, fonctionnant sur une logique aristotélicienne**[10] de l'excision, ne permet plus d'appréhender cette question déjà complexe, a fortiori dans ce nouveau contexte africain. Les méthodologies qui, pour construire la connaissance, **séparent** les **disciplines** entre elles, de même qu'elles perpétuent la distinction entre les **acteur-es et les sujet-tes** de recherche, se révèlent peu adaptées aux réalités, théories et politiques contemporaines. Elles gagneraient à s'initier, se former et pratiquer l'analyse conceptuelle, l'analyse critique, l'interrogation réflexive.

De l'approche juridique à l'engagement communautaire
Considérer l'excision comme une violation du **droit** conduit à envisager une stratégie basée sur la **loi**[11]. La tendance à légiférer sur l'excision, développée au cours des années 1990 (Union Interparlementaire), est encore loin de concerner l'ensemble des pays de la sous-région[12] et **l'intégration** régionale des lois sur l'excision en Afrique constitue actuellement la principale stratégie coordonnée visant à accélérer l'abandon de l'excision (No Peace Without Justice, 2008). Elle traduit un passage à un autre niveau, par la généralisation de la loi et son application effective, voire à un durcissement des positions, comme en témoigne le slogan de « **Tolérance zéro** aux MGF »[13]. Les dispositifs juridiques engagés dans ce sens, par exemple au Burkina-Faso[14], consistent en la **criminalisation** de la pratique et un dispositif **répressif** (emprisonnements et amendes) à l'intention des commanditaires de l'excision et de ceux qui la pratiquent, sanctions aggravées s'il s'agit d'agents de santé, dans certains cas doublé d'un mécanisme **d'alerte** (Numéro vert).

    L'expérience a montré que la stratégie **juridique** ne représentait pas la panacée, dans le sens où **(1)** les populations excisantes, les agents de sécurité et les acteurs judiciaires ne sont pas tous sensibilisés et/ou convaincus du **bien-fondé** de la loi ; **(2)** les modalités, mécanismes d'accompagnement et ressources ne sont pas toujours à la hauteur des besoins ; **(3)** le recours à la loi n'est pas automatique, par peur, méfiance et refus de dénonciation, au point que nombre de cas d'applications de la loi génèrent des pressions pour qu'elle soit contournée.

Planche 2 - De la justice de genre à la judiciarisation des liens sociaux

Au village, le tribunal de l'excision : sous **l'arbre à palabre**, allégorie de la **place du village** où les hommes discutent **traditionnellement** des affaires **publiques** de la communauté, le **bureau du tribunal reçoit les demandes** de trois villageois. Deux hommes, devant, proclament : « Stop à l'excision » et « Non à l'excision » et une femme, **derrière,** ajoute « C'est mon **droit** le plus **absolu** ».

Raccourci saisissant de la manière dont évolue le traitement du **droit** (naturel, absolu) autrefois abordé oralement sous l'arbre à palabre par la communauté (des hommes), qui maintenant passe par la **loi** devant les tribunaux. Les arguments du plaidoyer reflètent les perceptions de genre : les hommes **énoncent** la **loi**, les femmes plaident pour leur **droit.**

27

En termes de **développement citoyen**, on peut s'interroger sur la double fonction de la stratégie juridique : **(a)** attester que la **puissance publique** se reconnaît la **responsabilité** d'agir pour protéger des « victimes », ce qui extrait la pratique de l'excision de son seul référent traditionnel pour la faire entrer dans le **champ du droit** « moderne » et signifie clairement que l'excision, qualifiée en **crime**, est à bannir et **(b)** permettre la répression, à titre de **sanction** et d'exemple **dissuasif** (No Peace Without Justice, 2008), des personnes la commanditant ou l'exécutant, en faisant notamment appel à la **dénonciation** des coupables et complices avec qui sont généralement entretenus des liens sociaux, communautaires si ce n'est familiaux.

Bien qu'il soit encore difficile d'évaluer l'impact de la stratégie juridique, puisqu'elle est en cours de constitution, on ne peut manquer d'observer qu'elle est liée au processus de **mondialisation**, à l'amplification des **migrations**, et à la **judiciarisation**[15] (Collectif Litec, 2007 et No Peace Without Justice, 2008) de la société. Souligne-t-elle le déclin (voire l'échec ?) de **l'autorégulation sociale** par les institutions traditionnelles, comme la famille et l'école, et l'aveu de l'incapacité (ou du désintérêt ?) pour le dialogue et la négociation comme traitement des questions collectives : ce qui se traitait autrefois sous l'arbre à palabres devra-t-il être réglé par les tribunaux ? (*Voir Planche 2*)

Dans ce sens, l'apport **qualitatif** de la stratégie Tostan, outre son excellente **capacité de dialogue, de communication**, et de gestion des **relations humaines** (écoute, analyse, recherche) tient à ce quelle promeut des **comportements citoyens** (vision positive, holistique, participative, inclusive, tournée vers l'avenir, centrée sur la personne, fondée sur les réseaux).

Visiter les concepts

Les deux principaux axes d'analyse critique des interventions relatives à l'excision en Afrique francophone de l'ouest tiennent d'une part à leur **sectorialisation** (avec la **marginalisation** qui en découle) et d'autre part à la **verticalité** des visions, des problématiques et des méthodologies. Ces « œillères » impliquent **l'occultation** de composantes centrales et **transversales** en termes de développement humain durable, dont il devient de plus en plus difficile de faire l'économie : les perspectives de **genre**, les perspectives **transgénérationnelles**, les perspectives **citoyennes**.

Le genre : les deux genres

Comme évoqué plus haut, la question de l'excision a toujours été associée aux femmes, et de ce fait marginalisée. Le fait que le **genre** – masculin ou féminin –, comme élément **central** de la compréhension des rapports de pouvoirs entre les sexes (Dorlin, 2008), soit passé sous silence, n'est pas sans conséquences. Faire comme si **(1) seules les femmes** relèvent de la problématique de genre, et **(2)** le genre masculin est **neutre et universel** (c'est-à-dire qu'il détient la capacité et la légitimité à « dire/créer/décider » le « réel » autant pour les femmes que pour les hommes), permet d'occulter **(a)** les relations sociales de **domination/subordination** entre les hommes et les femmes et **(b)** le fait que la parole (la vision) « masculine » *s'arroge* la **vocation (naturelle et universelle)** à porter le discours féminin (Dictionnaire critique du féminisme, 2000).

Tardivement adoptée en Afrique de l'ouest francophone par les femmes travaillant à la promotion du statut des femmes et les responsables en charge de développement, la notion de **genre (rapports sociaux de sexe),** n'est le plus souvent employée que comme un **synonyme** de « question de femmes ». De ce fait, la **réalité existentielle et fonctionnelle** du genre (social) **masculin** n'est pas envisagée, opérationnellement, par les femmes et **encore moins par les hommes**, ni dans les visions, ni dans les théories, ni dans les principes, et donc moins encore dans les politiques ou les méthodologies. Il ne semble pas y avoir, en Afrique francophone de l'ouest, de savoir scientifique constitué, **du point de vue masculin,** quant à l'élucidation des mécanismes des rapports sociaux de genre, l'identité de genre, les perspectives de genre, l'éducation de genre, la construction d'une sensibilité propre à chaque genre… L'**inattention généralisée** portée, tant par les hommes que par les femmes **et les institutions,** au genre masculin dans l'analyse des rapports de genre permet **d'occulter la dimension politique des rapports inégaux de pouvoir** entre les genres, et de les **perpétuer.** Cette posture interpelle directement, entre autres, le corps scientifique des expert-es en genre, ainsi que les politiques et interventions menées au titre de l'excision.

Compte tenu de la pénurie de travaux de référence sur cette question dans le contexte spécifique de l'Afrique francophone de l'ouest[16], on peut supposer que ce surprenant **aveuglement** à la

dimension masculine des rapports de genre est également lié à la nette séparation des processus de **socialisation** de l'un et l'autre genre (*Voir Encadré 3*).

Encadré 3 - Filles et garçons, expression sur les inégalités

« Les hommes essayent de **donner le max** d'eux-mêmes tandis que les jeunes filles **donnent le minimum**. Pour avoir l'égalité de genre, il y a deux solutions, 1) Que les jeunes filles donnent le max d'elles **pour atteindre les jeunes garçons**, 2) Que les **jeunes hommes s'abaissent** pour être au même niveau que les jeunes filles. La **hiérarchie entre adulte et jeune est nécessaire** parce que les adultes ont plus d'expérience dans la vie, ils sont plus matures dans la plupart du temps ; parce que le **respect de nos aînés** est la base de notre éducation. En plus de cela, l'expérience de la vie fait que les jeunes ont tout à apprendre de leurs aînés, et **il en va ainsi de génération en génération.** Pour qu'il y ait transmission de savoir dans les bonnes conditions, **il faudrait qu'il y ait hiérarchie.** »... « Les **filles ne donnent que le minimum** à cause de leur faible participation, elles peuvent faire mieux. Ce n'est pas une remarque valable que dans le projet, je l'ai remarqué ailleurs aussi (ex : dans ma classe, ...) ... La loi est faite par une majorité d'hommes pour une majorité d'êtres humains. Les femmes n'avaient qu'à se présenter comme candidates. Je suis sur que si les femmes étaient sorties voter pour les femmes, elles allaient être majoritaires dans l'Assemblée Nationale. Elles ne participent pas aux cours **parce qu'elles pensent qu'elles n'ont pas le droit, ou qu'elles ont peur, ou qu'elles sont complexées...** Elles n'arrivent pas à faire mieux que les hommes parce que c'est **d'ordre psychologique, dans leur tête elles pensent qu'elles ne peuvent pas.** Ce n'est pas biologique. Je ne sais pas pourquoi elles ne se sont pas présentées comme candidates. Je ne sais pas pourquoi elles ne sont pas sorties massivement pour voter. Et pourtant c'est leur droit. Donc si je comprends **toutes les femmes ne peuvent voler de leur ailes, elles ont besoin d'un soutien et ce soutien c'est auprès des hommes elles peuvent l'avoir.** » *(B.M., 16 ans, garçon, ML)*

« Dans le *chat* **les garçons passent leur temps a se glorifier, se donner des portefeuille de rêve,** ce qui est contraire chez les femmes. Alors **s'étale dans la tête des filles que les garçons sont supérieurs à elles,** donc **elles se condamnent intérieurement** je dirai que c'est une politique appliquée par les jeunes de ce projet **pour dominer d'une manière non détectable,** comme les presi(dents), les homo(logues). Et après ça je dirai **qu'ils font « semblant » de s'étonner et regretter que les femmes** *(les jeunes filles),* **ne veulent pas participer** *(= jouer avec eux)* **a être des bons citoyens** dans le cadre d'un projet qui promet l'égalité de la participation. Pourquoi chaque fois que l'on se rencontre c'est a dire pendant le symposium, atelier, évaluation les filles participent massivement mais lorsqu'il s'agit de virtuellement **elles sont faibles mais pourquoi ?** » *(W.T, 21 ans, fille, BF)*

« Chaque fois les filles/femmes se sont senties dominées et il **fallait les ramener au même niveau que les hommes** pour un changement rapide mais **nous qui sommes hommes et qui avons accepter de soutenir ces femmes dans la lutte contre les MGF parce que c'est un rôle citoyen. Chercherons nous à dominer ses femmes qui sont déjà dominées ?** » *(M.O. 27 ans, garçon, BF)*

« Quand nous disons à ces garçons 'président', c'est **pas parce qu'on y croit. Cela fait partie de notre politique. On leur fait croire** à Papa Noël : **on le prend pour plaquer** *(tromper)* **les enfants, mais c'est pas une réalité.** Avant, l'homme ne parlait pas mais agissait, maintenant c'est eux qui parlent, nous nous gardons nos intentions pour nous. » *(M.K., ans, fille, ML)*

« Tu vois **ta manière de parler des femmes**, par exemple :
« Nous, nous ne faisons que vous soutenir ». On voit en toi
un martyr alors **dans le projet tu te forces pour nous aider
sinon dans la vie active tu ne l'est pas**. Est-ce que je me
trompe, les filles et femmes ? » *(W.T, 21 ans, fille, BF)*

(ENDA, 2008g)

Jeunes et aîné-es : d'un monde vers l'autre

De la même manière que le genre féminin est marginalisé et
invisibilisé (*Voir Encadré 4*) en fonction de l'universalité posée
comme postulat du système patriarcal[17], les jeunes sont, en tant que
catégorie sociale, marginalisé-es et invisibilisé-es dans la société,
au nom de la **capacité des aîné-es[18] à les représenter et à dire,
agir et décider** pour eux/elles. Pourtant, si l'on se préoccupe de
développement humain durable, le souci de prendre en compte
les visions, rôles, perspectives, sensibilités, interprétations et
potentiels spécifiques des différentes générations devrait jouer un
rôle central.

La jeunesse, « fait social instable » (in : Tourné, 2001),
difficilement repérable au seul critère de l'âge, semble représenter
l'un des stades de la vie défini par des **processus** psychiques et
biologiques, des normes, rites, événements, lois et rôles sociaux et
orienté autour de **l'entrée dans l'âge adulte** (Gaudet, 2007).

Dans le contexte de l'Afrique francophone de l'ouest (d'Almeida-
Topor et al., 1992 ; Assogba, 2007), la **classe d'âge** de la jeunesse
porte encore l'empreinte des devoirs de **respect** aux classes d'âge
aînées (Ortigues, 1984), notamment celle des **pères**. L'observation
du respect des aîné-es et des normes des ancien-nes (y compris
celles de l'excision et de la circoncision, par exemple) servirait de
garantie[19] à leur **intégration** dans la communauté, et, en particulier,
à terme, pour les jeunes hommes, à l'inéluctable accession aux
positions de pouvoir et de décision.

Il en va différemment des jeunes filles, dont le statut, malgré
l'avancée en âge, sera toujours dominé[20]. Cependant, la **génération**
actuelle des jeunes évolue dans un contexte complètement **différent**

de celui des générations précédentes. Les rapports aux genres, aux savoirs, à l'âge sont remis en question, du fait de l'intégration, de par les TIC, de l'Afrique dans le contexte mondial, mais pas nécessairement vers davantage d'égalité (ENDA, 2005).

Encadré 4 - Des processus de socialisation différenciés selon le genre

Public-privé : quelle citoyenneté en Afrique ?

La citoyenneté[21] est intimement liée à la **démocratie** : chaque citoyen, homme et femme, y est **détenteur-e d'une partie de la souveraineté politique**, sujet de **droits et de devoirs naturels, sociaux, personnels,** dont **certains** sont définis par la **loi** de leur cité, de leur communauté, de leur nation. Cependant, la **vision postmoderne de la citoyenneté (et de la démocratie)** est éclatée entre les multiples, diverses et parfois contradictoires **identités personnelles,** privées et publiques, encore largement marquées par la différentiation et la hiérarchisation du masculin sur le féminin[22].

La citoyenneté se définit arbitrairement en termes **d'inclusion** au sein d'une communauté[23], et institue les codes sociaux qui constituent le domaine des **affaires publiques, politiques,** régi par les règles de la **vertu**[24] masculine, en termes **d'égalité d'expression, de communication, de droits, de libertés, de protection** des individu-es membres de la cité, de la communauté. La sphère du **domestique, du privé, de l'intime, de la « nature »** (c'est-à-dire : de ce qui est hors du champ du socialisé), considérée comme **complémentaire et dépendante,** est **exclue** du champ de la citoyenneté publique. Cet espace est « réservé » au genre féminin.

Pour les hommes, l'enjeu citoyen est de participer – par le plein exercice de leurs droits et de leurs devoirs citoyens - à la gestion du domaine public de la communauté. Au **féminin, l'enjeu citoyen** est de **se reconnaître et de se faire reconnaître** comme personne, ayant une existence propre, *par-delà* les rôles sociaux qui sont assignés à la femme, en tant que mère, fille, soeur, épouse, aïeule, etc. Cet enjeu passe par la **réappropriation par le genre féminin des droits, dont celui de la parole**[25], et par la mise en évidence de la **trompeuse neutralité, en termes d'analyse de genre, du concept de citoyenneté.** Il institue, de fait, **une fausse universalité, d'origine androcentrique**[26] **et teintée de normes et valeurs masculines, dans le politique.** Cette prégnance pose le problème de la diversité de genre : le-la citoyen-ne n'est pas un-e individu-e abstrait-e, désincarné-e, détaché-e de ses déterminations concrètes qui l'ancrent dans le personnel et le privé et qu'il-elle peut – ou ne peut pas – transcender dans le public. Cette question est particulièrement avivée dans la nouvellement installée société africaine de l'information. *« Les périodes de restructurations sociétales,*

34

voire de rupture, sont le plus souvent accompagnées par une remise en cause profonde des conceptions de la citoyenneté [...] Ces mutations mettent en cause l'unicité et l'indivisibilité d'une citoyenneté fondée traditionnellement sur une logique nationale-étatique. La citoyenneté ne se laisse plus enfermer dans des traditions républicaine et libérale [...], interrog(ée) et contest(ée) à l'aune d'une interdépendance croissante, recompos(ée) à partir d'une série de flux (dont)... les flux communicationnels [...] qui vont de pair avec des activités en réseaux. » (Marquès-Pereira, 2003)

En termes d'excision, **l'inclusion citoyenne des femmes et des jeunes** ne peut que passer par la reconnaissance de **l'altérité**, de la dialectique **privé/public,** de l'analyse de la nature **politique du privé, de l'appropriation de l'existence et du signifiant du corps de l'autre** (dont les violences sexuelles, et l'excision). Cette option impose d'accepter l'idée qu'il existe une **vision genrée**[27] de la citoyenneté.

Société africaine de l'information : obstacles, risques et bénéfices
Les TIC, miroir de la société

A partir des années 1995, l'idée que les TIC constituent une chance de développement pour l'Afrique a été propagée conjointement par les organisations internationales, bi- et multilatérales et régionales de coopération au développement, et le secteur privé international des télécommunications, au travers de conférences, initiatives, projets. Elles ont été présentées comme la nouvelle panacée en direction des développements économique, **social, citoyen, communautaire, démocratique, personnel,** principalement en termes de droits à **l'information**, à **l'expression, et à la communication, favorisant l'expression et la protection des droits de la personne dans une société démocratique et durable** (ENDA, 2004).

Des organisations de femmes, des féministes et des expert-es des questions de « genre et TIC » ont questionné cette vision en termes de genre, pour établir **comment la société africaine de l'information influe sur les relations de pouvoir entre les hommes et les femmes**, et pour évaluer l'ampleur de la **fracture numérique de genre**. La principale conclusion de cette recherche est que les **jeunes (scolarisé-es) sont les grand-es gagnant-es**

de la révolution numérique, mais que les **disparités de genre** demeurent gravement inquiétantes dans les domaines **stratégiques des contenus et du contrôle**, bien plus qu'en termes de **capacités à consommer** (accès, accessibilité et formation) (ENDA, 2005). Si, dans des domaines comme le SIDA, plusieurs initiatives cherchent à utiliser les TIC pour promouvoir le changement des comportements et pratiques sexuelles des jeunes, dans celui de l'excision, les quelques applications produites (pages Web, CD-Rom) l'ont principalement été en termes de **communication institutionnelle**, dans des formats et des langues qui ne les rendent pas appropriables ni par les communautés excisantes des pays d'Afrique de l'ouest francophone, ni par les jeunes. L'intérêt des TIC comme **outil stratégique d'action communautaire**, notamment auprès des jeunes, est seulement en train de s'éveiller (No Peace Without Justice, 2008).

Dépasser les stéréotypes

L'évidente marginalisation des communautés excisantes d'Afrique francophone de l'ouest par rapport à la société (africaine et mondiale) de l'information tient aux **obstacles réels** qui **ont freiné** l'entrée de l'Afrique dans la mondialisation : analphabétisme, rareté et insuffisance des infrastructures, insuffisance des couvertures réseaux, manque d'équipements, coûts des équipements et de la connectivité, oralité et multiplicité des langues africaines. Comme une litanie, ces facteurs, interprétés comme autant d'« **obstacles** » **ont été énumérés** tout au long de la recherche, pour **justifier l'absence d'initiatives** visant à utiliser les TIC pour agir dans et avec les communautés (dont les jeunes, les femmes) (ENDA, 2007b,c,d), par la quasi-totalité des acteurs, institutions, décideurs, communautés, adultes, jeunes, femmes, hommes.

Or **cette attitude n'est plus vraiment justifiée, et d'autre part elle ne reflète pas une vision stratégique.** Depuis son apparition, datant maintenant de plus de dix ans en Afrique francophone de l'ouest, **la révolution numérique s'est généralisée** dans la sous-région. Le taux de croissance de la téléphonie mobile en Afrique est le plus fort du monde, des politiques d'accès universel ont été mises en oeuvre, le taux de couverture nationale en téléphonie mobile n'est plus loin de 95 %[28], et cela s'est trouvé confirmé dans l'étude sociologique des acteurs, comme détaillé plus loin dans le texte.

Cela ne signifie certes **pas** que la fracture numérique *mondiale, régionale et nationale* est résorbée, mais cela rend **caduque la croyance généralisée et perçue comme légitime** qu'il n'est pas, actuellement, possible, valable, intéressant **et stratégique** d'utiliser les TIC sur la question de l'excision dans les communautés excisantes, du moins avec les jeunes. On peut se demander si la justification de l'inaction sur l'excision avec et par les TIC ne constitue pas une illustration supplémentaire de **la perversité du stéréotype victimisant,** selon lequel sont considérées (et se considèrent) non seulement les femmes et jeunes filles des communautés excisantes, **mais encore, dans leur ensemble, les communautés excisantes, ainsi que tou-te-s ceux-celles qui sont du « mauvais » coté de la fracture mondiale.** Cette attitude **a-citoyenne**[29] conforte l'inégalité des relations de pouvoir entre les « marginalisé-es » et ceux-celles qui ne le sont pas, et est utilisée comme justification de l'orientation actuelle vers le « tout juridique » (No Peace Without Justice, 2008).

Plus fondamentalement encore, le fait que les TIC n'aient jamais été stratégiquement perçues comme appropriables par les acteur-es impliqué-es dans la promotion de l'abandon de la pratique de l'excision – alors que les exciseuses n'hésitent pas à utiliser leur téléphone portable pour arranger leurs rendez-vous avec les parents qui veulent faire exciser leurs filles[30] – tient à ce que, de manière générale, la **nouveauté qualitative que représentent les TIC en termes de communication** – tenant à leur **capacité à promouvoir la communication horizontale, interactive, et donc démocratique** – est constamment occultée, dans **toutes** les sphères sociales. Pour la très grande majorité des personnes qui ont pris part au projet, **les TIC n'ont été vues comme rien de plus que l'appellation actuelle des moyens de communication, des médias.** La **confusion** du sens donné à cette révolution technologique est telle que, durant le projet TIC-MGF, et à maintes reprises, l'affirmation que *« le tam-tam, le griot sont des TIC » (sic)* a souvent été proposée. **L'enjeu stratégique des TIC étant ignoré** au **profit de la consommation des outils de TIC**, il ne peut pas, à l'évidence, être saisi.

Notes

1. « L'excision est un drame que la jeune fille vit seule » (ENDA, 2007b).

2. Genrée : construite selon une perspective de genre. (Dorlin, 2008)

3. Recoupant en Afrique de l'ouest, l'aire d'influence de l'empire mandingue (Camara, 1992, p. 20).

4. Invisibilisée : rendue invisible.

5. Comme le sont devenues d'autres questions de genre considérées comme étant des questions de femmes : la violence domestique et conjugale, les mariages et grossesses non désirés, la contraception, l'avortement, la prostitution, …

6. Qui elle-même n'est qu'un aspect de la santé **sexuelle**, ce qui n'épuise pas la question de la sexualité.

7. Pour une grande part, d'origine nord-américaine.

8. http ://fr.wikipedia.org/wiki/Positivisme

9. Sens dans la triple dimention d'orientation, de sensibilité, et de signification.

10. Par exemple, « pour ou contre » l'excision, le souci de la « réponse juste » aux questionnaires, la réalité comme une donnée extérieure à l'observant-e.

11. Sur le débat Droit versus Loi, voir note 33.

12. République du Mali (2006).

13. La journée internationale de la tolérance zéro aux MGF est célébrée chaque année le 6 février à l'appel des Nations Unies.

14. « Il nous faut sévir davantage pour mettre fin à cette pratique » (Salouka, 2008).

15. Judiciarisation : recours de plus en plus systématique à des instances juridictionnelles pour le traitement de questions ou de difficultés qui, naguère encore, y échappaient presque totalement. (Collectif Litec, 2007).

16. A la différence d'autres contextes dans le monde (Butler, 2005).

17. Le système patriarcal régit les rapports sociaux de sexe, entraînant le genre masculin dans un universalisme collectivement et inconsciemment assumé.

18. Après de multiples propositions terminologiques (vieux/vieilles, personnes âgées, adultes…) les jeunes du projet TIC-MGF se sont accordé-es sur la notion d'aînesse pour faire référence aux « non-jeunes ».

19. http ://fr.wikipedia.org/wiki/Totem_et_Tabou

20. Y compris, en ce qui concerne notamment le domaine public, dans les sociétés matrilinéaires : http://fr.wikipedia.org/wiki/Famille_matrilinéaire

21. La recherche a conduit à reconnaître la proximité des concepts de *citoyenneté* (processus de construction collective de la *cité*, concept marqué par la pensée grecque et occidentale) et de développement collectif/ *communautaire*, centré sur le *village*, qui fait bien davantage réalité dans les régions d'Afrique concernées par le projet.

22. La postmodernité est plurielle, relative, inductive, critique, complexe et contextuelle. Elle questionne et cherche, valorise le dialogue de savoirs de divers types (scientifique, expérientiel, traditionnel, etc.), privilégie la dialectique théorie-pratique et l'évaluation a posteriori des situations. La démocratie y prend un tout autre sens qu'au sein de la modernité : celui *d'une négociation pour une participation à la transformation des réalités* sociales qui posent problème. La postmodernité tente de ne pas s'enfermer dans de grandes théories explicatives et narratives générales et se méfie des valeurs universelles (Sauvé, 2000).

23. Nationale, locale, ethnique, mondiale…

24. Vertu dérive du mot *vir*, d'où viennent les mots « viril », « virilité », « virilisme ». Tandis que *vir* sert à nommer l'individu humain de sexe masculin, *virtus* désigne la force virile et, par extension, la *valeur*. http://fr.wikipedia.org/wiki/Vertu.

25. Ainsi que le droit à l'argent et le droit à la loi (Marques-Pereira, 2003).

26. C'est-à-dire : qui a pour référentiel la pensée masculine.

27. Voir note 37.

28. Au Sénégal, par exemple (source : Sonatel).

29. C'est-à-dire à la fois anti-citoyenne et hors de la citoyenneté.

30. Témoignage in : ENDA, 2007-2008.

Une méthodologie transversale, participative et réflexive

Afin d'examiner quelles recommandations proposer pour palier à ces visions conventionnelles et morcelées, et pour contribuer à la promotion de l'utilisation des TIC par les jeunes dans une perspective citoyenne de promotion de l'abandon de l'excision en Afrique francophone de l'ouest, une recherche exploratoire globale a été menée, durant deux ans (octobre 2006-octobre 2008) auprès de trois communautés excisantes de trois pays de la sous-région. Elle a du innover dans ses approches méthodologiques.

Le projet de recherche

Le projet de recherche « **Contribution des TIC à l'abandon des MGF en Afrique de l'ouest francophone, rôle citoyen des jeunes** », plus connu sous l'appellation de **projet TIC-MGF**, a été réalisé par **ENDA Tiers-Monde** (Dakar, Sénégal) avec le soutien du **Centre de Recherches sur le Développement International** (Ottawa, Canada). Il avait pour objectif **l'utilisation stratégique des TIC pour accélérer l'abandon des MGF**, en renforçant la **participation citoyenne des jeunes** à **l'intégration des politiques sur l'excision** en Afrique de l'ouest francophone. Il visait à établir le degré **d'appropriation par les communautés de la lutte contre les MGF** et les **possibles utilisations citoyennes des TIC par les jeunes** dans le cadre de **l'intégration des législations africaines contre les MGF.**

Il a été mené en trente mois, dans une perspective **qualitative et fédératrice** avec des **collectifs de jeunes de communautés excisantes disposant de facilités de TIC et où sont menées des actions sur l'excision.** Il a permis de vulgariser et renforcer les **capacités multidisciplinaires de recherche** d'une vingtaine de chercheur-es, de sensibiliser et de former plus d'une centaine de jeunes et de toucher près de huit cents décideur-es communautaires et publics sensibilisés, au travers d'une dizaine de rencontres présentielles et virtuelles. L'impact potentiel des TIC dans la lutte contre les MGF et le rôle citoyen des jeunes a été mis en évidence au travers d'une centaine de documents de recherche[1].

Cibles, bénéficiaires, partenaires, acteures
Les associations de jeunes

La recherche a été menée dans **trois pays** d'Afrique francophone - le Burkina Faso, le Mali et le Sénégal - considérés comme représentatifs, d'une part en termes de prévalence et d'initiatives sur l'excision, et d'autre part en termes d'engagement et de réalisations pour l'appropriation communautaire des TIC. La logique voulait que la recherche s'effectue dans des communautés où l'excision est une pratique répandue **et** où les TIC[2] sont accessibles, hors des capitales nationales, ce qui a conduit à retenir **trois villes secondaires** : Bobo-Dioulasso, au Burkina-Faso (environ 450 000 habitant-es), Ségou au Mali (environ 100 000 habitant-es) et Tambacounda au Sénégal (environ 80 000 habitant-es)[3].

Le projet a ensuite cherché - mais en vain - à identifier, dans ces communes, des associations de développement déjà actives sur l'excision, en direction des jeunes et utilisant les TIC. Alors, des acteur-es de Ségou et de Bobo-Dioulasso ont pris l'initiative de constituer des **associations *ad hoc*** répondant aux critères du projet, à savoir composées de trente membres au minimum et respectant la parité hommes/femmes. A **Ségou, l'association Nietàa**[4] a été créée en revitalisant un projet latent composé de jeunes filles et garçons gravitant autour d'un expert en TIC, lui-même inséré dans les réseaux locaux, nationaux et régionaux de jeunes et intervenant dans le cybercafé le plus actif de la ville, appuyé par une organisation de développement active sur l'excision. A **Bobo-Dioulasso, l'association Musso Dambe**[5] a été constituée par un expert en TIC à partir du club de football de son quartier et des jeunes filles fréquentant un centre de jeunes filles du même quartier, appuyé par une sage-femme expérimentée dans l'IEC sur l'excision et la santé des jeunes. A **Tambacounda**, où intervient une représentation régionale du GEEP, ONG de développement active à la fois sur l'excision et les TIC en milieu scolaire, il a été décidé de regrouper trois **Clubs EVF** de trois lycées de la ville, pour satisfaire aux critères retenus, avec l'appui des professeur-es engagé-es dans les actions EVF et d'un ingénieur des TIC basé à Dakar.

Les listes de membres ont révélé, dans les trois cas, que la quasi-totalité de ces jeunes étaient ou avaient été scolarisés, parlaient français, disposaient déjà d'un numéro de téléphone portable et pour un tiers ou la moitié d'entre eux-elles d'une adresse électronique, avant même le début du projet. Dans la suite des activités, les trois associations ont expérimenté que chaque année environ 20 % de leurs membres, la plupart ayant terminé leurs études secondaires, quittaient la communauté (en général pour rejoindre la capitale), et ont mis en place des stratégies pour stabiliser et élargir leur nombre d'adhérent-es. Ainsi un partenariat a été établi, à Tambacounda, avec la représentation locale des Scouts et Guides du Sénégal, et avec une ONG locale de développement à la base à Ségou.

L'équipe de recherche
Outre l'équipe de **coordination régionale**, entièrement composée de **femmes** (coordonnatrice régionale, assistante de projet, conseillères régionales en TIC et en MGF), l'équipe de recherche était constituée, dans chacun des trois pays par une **chercheure nationale** (trois femmes, dont deux spécialistes en recherche opérationnelle sur les MGF et une éducatrice-chercheure en éducation, active dans l'appropriation des TIC par les femmes), chacune étant assistée par un-e « spécialiste » en TIC et un-e « spécialiste » en MGF. Au total, les **spécialistes** étaient composés d'une femme et de cinq hommes en début de projet, et jusqu'à onze personnes (deux femmes et neuf hommes) au moment du Symposium[6].

L'appellation et le rôle et des « spécialistes » ont varié tout au long du programme. Initialement recruté-es pour être assistant-es techniques des chercheures et entretenir le lien entre celles-ci et les communautés et jeunes visés par le projet, ils-elles ont été considéré-es comme des « **encadreur-es** » des jeunes durant la phase Symposium, avant d'être reconnus par ceux-ci comme des « **conseiller-es** » et des « **aîné-es** ». La nette prédominance numérique des « spécialistes-encadreurs-aînés » masculins a été accentuée par la grande discrétion avec laquelle leurs homologues féminines ont assumé leur rôle.

Encadré 5 - L'encadrement : cadre, paternaliste ou formateur ?

« **Mes pupilles** » [*Chercheure*] ● « Le blog nécessite une formation particulière que les jeunes ne maîtrisent pas, **nous associerons les jeunes selon leur capacité de maîtrise** des fonctionnalités de gestion du blog. La **programmation est très sensible** une petite erreur peut bouleverser le bon fonctionnement du blog. La formation dispensée ne nous permet pas de **laisser la clé des champs aux jeunes.** Les **jeunes sont incapables** de gérer un blog/d'utiliser les TIC. On voulait tout juste **protéger l'outil, avec correction des fautes au préalable** ! Le blog **ne peut être géré par les jeunes.** La gestion répond à un certain nombre de critères **qu'il faut à l'avance définir.** Le problème n'est pas la maîtrise ou non des techniques de conception et de gestion des blog mais c'est plutôt la fiabilité et la gestion des contenus. Néanmoins les jeunes doivent forcément apporter leurs contributions ; il suffit qu'ils créent leurs propres blogs et qu'ils établissent des liens avec le blog TICETMGF » [*formateur*] ● « Nous avons besoin d'encadreurs pour la formation technique. Les jeunes ont besoin des encadreurs pour les soutenir techniquement. **C'est nous qui devons produire le contenu de notre blog** » [*Jeune*]

(ENDA, 2008h)

Au vu des pauvres résultats de recherche obtenus en milieu de projet, la composition de l'équipe de recherche a été modifiée, ainsi que les méthodologies de recherche *(ce point sera abordé plus loin)*. Aux chercheures nationales et conseillères régionales ont succédé des chercheur-es et formateur-es **spécialisé-es en analyse conceptuelle et critique** dans les domaines de psychologie interculturelle, genre-TIC et communication et gestion de groupes et de projets.

Des cibles aux acteur-es

Les **jeunes** – autant les **filles que les garçons** – des communautés excisantes ont été tour à tour les **objets, les cibles, les bénéficiaires, les partenaires et les acteur-es** de la recherche. A l'origine, le projet a arbitrairement choisi les jeunes sur le seul critère de leur **âge** (15 à 25 ans), au cours de sa réalisation, ce critère a légèrement été infléchi vers le haut, par les jeunes eux-mêmes.

Bien que le projet ait recherché, dès le début, à s'adresser autant aux scolarisé-es qu'aux analphabètes, la plupart des jeunes qui y ont participé étaient en cours de **scolarisation** ou avaient été scolarisé-es : une grande part était encore au lycée (équivalent des classes de seconde, première et terminale), à l'université, dans la vie active ou en quête d'emploi, dans des branches très diversifiées du secteur formel et informel.

Filles et garçons étaient aussi bien **célibataires que marié-es et/ou parent-es**. A l'exception d'un seul cas, tou-tes se réclamaient comme suffisamment **alphabétisé-es en français** (la langue de travail du projet) pour participer aux activités virtuelles et présentielles - quoique dans la pratique, cette faculté a fait l'objet de débats.

De l'attentisme à la participation
Une demande dans un a-priori d'immobilité

Encadré 6 - Vœux d'un « encadreur » pour l'année 2009

> « En ce début de l'an 9 du XXIe siècle, nous, M.….., encadreur de l'équipe de …, souhaite […] surtout que cette année soit celle pendant laquelle les partenaires de notre projet annoncés lors du symposium acceptent de nous donner de quoi montrer nos capacités de mobilisation d'énergies contre les MGF dans nos localités respectives et sûrement dans la sous région. Aa-a-a-a-men! » [*Liste [equipesTIC-MGF], 3 janvier 2009*].

Depuis sa mise en route jusqu'au-delà de son exécution, le projet s'est trouvé confronté aux très fortes **attentes** des spécialistes-encadreur-es principalement, mais aussi des chercheures et des jeunes, en termes **d'équipement et de connectivité**, de **moyens** financiers, voire de formation. Cette demande de « **motivation** » (*sic*) tenait à ce que chacun-e de ces acteur-es affirmait n'avoir pas accès (ou pas de facilité d'accès) aux TIC, et que – *comme le montre l'encadré 4* - le projet « **devait** » apporter les moyens permettant à des personnes **s'estimant capables mais impuissantes** de faire la preuve de leur engagement. Le projet n'a jamais accédé à cette demande **multivalente** (Deleuze, 1986), pourtant généralement retenue comme évidente dans la plupart des actions de développement. En termes de recherche, cette demande ne pouvait être prise en considération, pour la raison suivante : **quel sens y aurait-il eu à chercher comment les jeunes peuvent utiliser les TIC pour contribuer à l'abandon de l'excision dans les communautés excisantes, si l'on admet comme point de départ que, dans ces communautés, les TIC ne sont pas accessibles aux jeunes et qu'il faut donc, pour savoir à quoi les TIC peuvent servir, commencer par « apporter » les TIC ?**

Encadré 7 - Recherche, politique et stratégie éclipsées au profit de solutions matérialistes, techniques, financières et administratives à court terme

« Il serait souhaitable que nos partenaires directs **soient soutenus (matériellement, financièrement et autres) pour une meilleure collaboration** (…) A présent le projet n'a pas **su trouver les stratégies nécessaires à la mobilisation** des jeunes partenaires directs « [*Chercheure*] ● « Il n'y a **pas de politique de motivation** or c'est une chose très importante » [*Spécialiste*] ● « Pourquoi (certains) n'ont-ils pas accès au blog ? Est-ce par **manque d'argent pour payer les frais de connexion** ou bien par manque de temps pour y aller ? Ou est-ce tout simplement un problème technique ? (…) **De quoi avez-vous besoin** pour mettre en œuvre cette activité ? De quoi avez-vous besoin pour pouvoir former vos camarades à l'utilisation du blog, à son animation et à son alimentation en contenus ? Comment comptez vous entrer en contact avec les leaders politiques, les bailleurs, les ONG et Associations actives dans le domaine des TIC et MGF pour les sensibiliser à vous soutenir ? (…) **et à vous donner les moyens de contribuer activement à cette sensibilisation ?** (…) **Qui doit vous aider?** » [*Chercheure*]

● « Le comité de pilotage (aura pour mission de) superviser, **rapporter et rendre compte, pour suivre les relations** avec les bailleurs, le partenariat régional, les conflits » [*Encadreur*]

● « Nous souhaitons qu'après le symposium que les décisions prises puissent être appliqué immédiatement **à savoir une aide financière et matérielle pour pouvoir concrétiser nos voeux** sur le terrain c'est à dire notre formation sur les TIC en ayant à notre disposition une salle bien équipée avec un formateur qui va nous initier sur l'utilisation des TIC, la création des radios communautaires ». [*Jeune*] ● « L'objectif de cette journée a été atteint **parce que chacun a su éditer** un blog (mettre du texte, images, vidéo ou sons) » [*Jeune*] ● Tout d'abord, nous avons **besoin d'un local équipé.** (Nous) entrer(ons) en contact avec les leaders politiques, les bailleurs, les ONG … (par) les « bonnes actions **avec à la fin, une remise des cris de coeur des jeunes.** (Nous) **allons solliciter des formations** (…) nous avons besoin de formation sérieuse pour la cause. (…) notre capacité de gestion est la faiblesse. » [*Jeune*] ● « Nous avons **besoin de soutiens considérables** » [*Jeune*] ● « Nous devons être **dotés de moyen de déplacement individuel que collectif** afin de mener à bien nos campagnes de sensibilisation quel qu'en soit le trajet. Nous devons **être équiper chacun de téléphones portables** en bon état afin de rester en contact les uns des autres ; **de clés USB ; d'appareils photo numérique** comme des **supports d'enregistrement de contenu et des kits de connexion en permanence.** Vous n'êtes pas sans ignorer qu'a cela s'ajoute les **frais d'entretien et de fonctionnement de ces outils** notamment celui des **pannes, du carburant, des unités téléphoniques.** Enfin, nous souhaitons **la prise en charge de la ration alimentaire et de soins de santé** pour chaque jeune du présent projet. » [*Jeune*]

(ENDA, 2008h)

Le projet, au contraire, a fait le **pari** que les TIC – **pas toutes les TIC, ni partout,** bien sur ! – existent bel et bien dans les communautés, et que les jeunes les utilisent déjà, et que c'est **à partir de ces réalités existantes** qu'il fallait étudier comment les utiliser dans le but recherché. Car l'objectif du projet n'était pas – autre perspective qui n'a été facilement comprise – de **faire reculer** l'excision, mais d'identifier **comment les TIC** peuvent y contribuer.

Cette « fermeté », quoique mal perçue, a été, en fin de compte, gagnante, dans le sens où le projet a tout à fait su **exploiter les outils, les applications, les services de TIC** disponibles dans ces **communautés**[7] en **adjonction** aux activités présentielles[8].

Des méthodes évolutives

La recherche a été organisée en sept **phases**, les résultats de chacune orientant l'exécution de la suivante, grâce à une **flexibilité** choisie qui a autorisé de profonds et nécessaires **réajustements méthodologiques**.

La phase initiale (constitution de l'équipe de recherche, atelier méthodologique, analyse documentaire, recherche de terrain) a misé sur le concours des **spécialistes de la recherche sur les MGF** à partir des **méthodologies** en vigueur dans le domaine de la santé de la reproduction : conception de **questionnaires qualitatifs** (individuels, de groupe et institutionnels), orientés sur les **connaissances, attitudes et pratiques** des cibles de la recherche, catégorisées par sexe, âge, statut matrimonial, statut face à l'excision, rôle communautaire et/ou institutionnel... (**ENDA**, 2007e).

Les premiers résultats produits n'ont pas apporté **d'informations nouvelles** par rapport aux nombreux rapports déjà produits sur la question et ont mis en évidence la difficulté des chercheur-es à contribuer à **conceptualiser** (Deleuze et Guattari,1991) le rapport entre les MGF, les TIC, la question des jeunes, la citoyenneté.

Le rapport d'analyse documentaire, commandité séparément à une autre chercheure (de profil universitaire), a produit davantage de **perspectives en termes d'analyse critique** et du point de vue féministe (**ENDA**, 2007a). Au total, la phase initiale de la recherche, conduite de manière non participative, a produit des **résultats stéréotypés** par rapport à l'état préexistant et sectoriel des connaissances, interdisant la transdisciplinarité, alors que la **démarche analytique** a ouvert de vastes perspectives de recherche.

Ces premiers constats ont été renforcés par les observations exprimées en termes de besoins puis traduites, en termes de méthodologie de recherche, durant les ateliers locaux de recherche communautaire participative. L'évidence s'est faite que, **si le but est d'identifier quel peut être le rôle citoyen des jeunes dans l'abandon de l'excision via les TIC,** la **« vraie » question** que pose la recherche n'est pas l'excision en tant que telle, ni les TIC en tant que telles, mais la **capacité des jeunes à être et à agir en tant que citoyen-nes,** d'où un immense besoin de **porter attention au renforcement des capacités citoyennes, personnelles et associatives, des jeunes** (filles et garçons), **et notamment de leurs capacités à participer et à intervenir.** Ce constat de recherche a été détaillé dans les rapports d'analyse critique **(1)** de la revue par les paires des rapports de recherche de terrain et d'analyse documentaire et **(2)** du forum virtuel public (ENDA, 2008 a et b). Il a marqué le point de départ pour l'option ultérieurement faite pour la pleine participation des jeunes au processus de recherche.

La stratégie de **l'observation in vivo des résultats de la participation des jeunes** a débuté en proposant aux jeunes de chaque association de produire les grandes lignes du plan d'action qu'ils souhaiteraient réaliser. Cet exercice a servi de fil conducteur à leur implication dans la préparation et la tenue **du Symposium sous-régional,** événement qui a constitué la première réunion entre les jeunes des trois pays. Il a permis de produire collectivement, virtuellement et sur site – les garçons et les filles ensemble et séparément –, des **contenus** (notamment ENDA 2008c) et un blog **MGF-TIC, Portail citoyen des jeunes sur l'excision,** et de se **former** sur l'utilisation citoyenne des TIC, sur la conception et le suivi de projets. Parallèlement une co-formation en recherche a été menée avec les membres de l'équipe de recherche. Ces activités ont cristallisé chez les jeunes **le sentiment d'appartenir à une communauté sous-régionale et de pouvoir y participer** avec les autres acteur-es du projet de recherche.

Le Symposium a prouvé la capacité des jeunes à participer à la **production de résultats de recherche,** ainsi que la **fragilité de leur appropriation des concepts de genre et de citoyenneté,** ce qui a déterminé le choix de les **associer au processus d'évaluation** de la recherche. C'est avec eux et elles, en présentiel et virtuellement, qu'a été menée, paritairement (en sexe et en âge), l'analyse de genre, incluant de manière organique, décrite, argumentée, conceptualisée et représentée selon leurs propres formes d'expression, **un paradigme transdisciplinaire de développement intégrant les six problématiques couvertes par la recherche et jusqu'alors étudiées de manière sectorielle** *(voir planche 8)*. Il a alors été possible de produire des recommandations permettant d'utiliser les TIC dans une perspective citoyenne pour promouvoir l'abandon de l'excision en Afrique francophone (ENDA 2008d).

Au final, le projet TIC-MGF a mis en pratique les principes directeurs qu'il s'était fixés : mener une **recherche qualitative, collaborative, participative, transdisciplinaire et respectueuse des différences.**

Des méthodologies genrées
La recherche a installé la **transversalité du genre au centre du paradigme, des processus, des modalités de la recherche**, en axant les méthodologies employées sur la transdisciplinarité, la complémentarité, la collaboration, la participation, plutôt que sur le séparatisme, la discrimination, les disparités, le cloisonnement. Elle a montré **qu'en mettant l'accent sur l'égalité, le genre se révèle naturellement comme composante de la citoyenneté** (la gestion collective du bien public) et constitue un changement social majeur dans les communautés excisantes d'Afrique francophone.

Au-delà de l'approche par la santé de la reproduction
Par la **méthodologie participative, transdisciplinaire réflexive**[9], adoptée, analysée en termes de **création de savoir** et de **pouvoir sur la recherche,** la recherche a entre autres, mis en évidence **l'intérêt stratégique de la plus-value créée par l'association cumulative des jeunes, des porteur-es de programmes et des décideur-es,** en termes de facilitation de la pénétration communautaire des programmes visant à atteindre des objectifs de développement.

La dynamique de recherche a été libérée à partir du moment où elle a fait le constat des limites **des méthodologies de la recherche opérationnelle, telles que celles utilisées en santé de la**

reproduction. Basées sur des méthodes et techniques normatives, verticales, sclérosées, monodisciplinaires, pauvres en termes de capacité à l'innovation, réticentes à utiliser les TIC comme outil stratégique, ces approches classiques présentent de graves carences conceptuelles, analytiques, et critiques. En instituant de facto des **cloisonnements entre les disciplines** (santé *vs* genre ou violences ou droits) **et des hiérarchies méthodologiques** (notamment entre observant-es et observé-es), elles révèlent une pratique non citoyenne.

Considérer que l'**observé-e/bénéficiaire** est **tout autant observant-e/chercheur-e** que ceux/celles à qui ce rôle est institutionnellement alloué a permis que les distances entre professionnel-les et apprenti-es s'estompent au profit d'une synergie concertée, créative et innovante. **L'objet devient acteur** et par là même bouleverse la dynamique de recherche, en permettant de la remettre en question à tout moment du processus[10].

Le genre comme postulat
La recherche a révélé, au moment de l'Analyse critique de la Revue par les paires, la **profonde dimension de genre de la problématique des MGF**[11] (*Voir Planche 3*). Cette approche n'était pas acquise dès le départ. Presque exclusivement axée sur la santé de la reproduction et mettant en exergue les risques médico-sanitaires maternels et infantiles à partir d'un savoir médical préconstitué, la plupart des initiatives visant à promouvoir l'abandon des MGF se sont jusqu'à présent opérées en marginalisant les approches par les droits humains des femmes et par les violences contre les femmes. Au moment où l'intérêt pour la stratégie législative prend son essor, la présente recherche démontre une fois encore les limites, en termes de résultats, de l'approche par la santé individuelle.

Planche 3 - Genres et citoyenneté

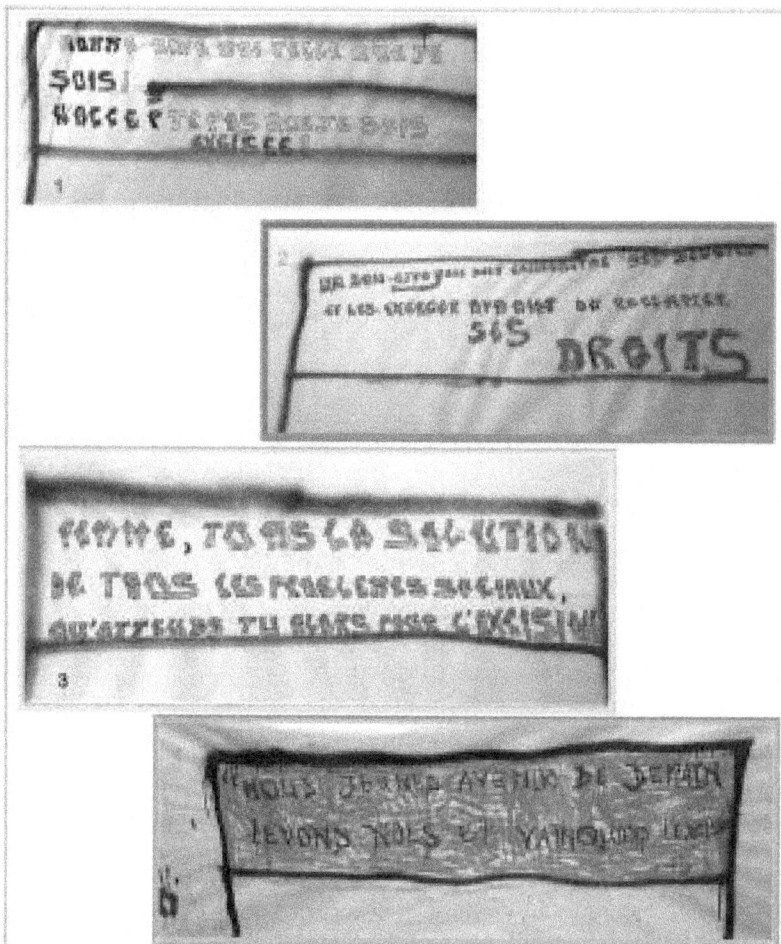

1— « Homme, aime moi telle que je suis ! N'accepte pas que je sois excisée ! »

2— « **Un bon citoyen doit** connaître **ses devoirs et les exercer avant** de **réclamer ses droits.** »

3— « Femme, tu as **la solution de tous les problèmes sociaux, qu'attends tu alors** pour l'excision ? »

4— « **Nous** jeunes, avenir de demain, **levons nous et vainquons** l'excision »

La pratique des relations de genre

En créant un réseau transnational de jeunes, le projet de recherche a permis de mettre le **concept « genre » en pratique.** Que ce soit au cours des ateliers, ou sur les listes de discussion internes, les bénéficiaires directs ont créé des contenus dédiés à cette problématique, se sont formés et ont formé sur le genre, ont communiqué et débattu entre les genres sur le genre, permettant ainsi une analyse de l'excision différenciée selon les genres. Cette approche a éveillé **une conscience de genre**, chez les garçons et chez les filles et nourri l'expression forte d'un **idéal de justice de genre**, chez les uns comme chez les autres, conduisant à l'expression d'un **besoin d'action contre les inégalités** existantes, tant bien même qu'il ne se soit pas dégagé de vision consensuelle sur la question. Toutes les activités de la recherche – processus, mise en œuvre, ressources, analyse – ont contribué, y compris dans la contradiction, à la promotion de l'égalité de genre.

Les jeunes, filles et garçons

D'abord passivement, en tant que « sources d'information », puis activement, à partir du Symposium, les **jeunes filles et jeunes garçons** ont **systématiquement** été **impliqué-es au cœur de la production, de la création et de l'exécution** à toutes les phases du projet de recherche, les dispositions ayant été mises en place – parfois difficilement[12] – afin de permettre **l'apprentissage** et **l'appropriation créative d'outils** de participation citoyenne pour promouvoir l'abandon de l'excision. Aussi, ils-elles ont pu prendre leur **autonomie,** notamment en concevant et en maintenant de façon entièrement indépendante, le **Portail citoyen sur l'excision** intitulé *ticetmgf* et en organisant de façon entièrement spontanée et autonome plusieurs « **chat** » pour débattre, élaborer des rapports communs, creuser une idée. Ils-elles ont ainsi parlé sur les MGF, en groupe, en public, entre eux et devant les « ainé-es » de leur communauté et de leur pays, ce qui leur aurait paru impensable jusqu'alors, ne disposant ni d'informations, ni d'espaces, ni de capacités à dialoguer en public, ni d'encouragement à le faire. Ils-elles ont témoigné des **changements de mentalité** que cela a directement induit dans leur communauté, voire de cas d'abandon de l'excision. Le projet a démontré ainsi que les TIC sont un très bon moyen de changer les donnes sociales, en termes d'expression et de communication, de rapports de genre et de génération, de comportements et de sensibilités, y compris dans le domaine « sensible » (risqué) de l'excision.

La parité, nécessaire mais insuffisante
Depuis le début du projet, et de façon scrupuleuse durant toute sa mise en oeuvre, le projet a veillé à composer des équipes d'acteur-es de façon **paritaire,** dans tous les groupes et espaces de travail, présentiels ou virtuels. Cela a permis de mettre **en visibilité** et donc d'analyser les visions spécifiques à chaque genre. Ainsi a pu être mis en évidence **(1)** en quoi **chacun des genres a une perception spécifique de la même réalité,** et **(2)** que la parité **ne garantit pas une égale et identique participation des filles et des garçons,** en importance, en qualité et en nature : **la parité n'est qu'une condition nécessaire mais non suffisante à l'égalité des relations entre les femmes et les hommes** (*Voir Planche 4*).
La participation silencieuse des filles
La participation collective au projet a été **forte et enthousiaste,** comme en témoigne notamment la liste de discussion au sortir du Symposium. Les filles et les garçons ont tout autant participé, certaines **personnalités en herbe** – *tout autant chez les filles que chez les garçons et en particulier chez les plus jeunes* – ont apporté une contribution remarquable et assumé un rôle de **leader.** Cependant, dès que les **débats, présentiels ou virtuels, étaient publics,** les filles – la grande majorité d'entre elles étant excisées, étaient **silencieuses,** sur la plupart des sujets, mais **en particulier s'agissant de l'excision et de son vécu**[13]. La forte socialisation, des filles mais tout autant des garçons, basée sur la pudeur et la « honte »[14] (Morel Cinq-Mars, 2002 et Sulami, 2001) explique la difficulté des jeunes, filles et garçons, mais particulièrement des filles, à **franchir le pas entre « intime » et « public »** (*Voir Planche 5*). Aussi est-on en droit de se demander si le **seul mode participatif paritaire** est approprié et s'il ne serait pas plus adéquat d'opter pour **d'autres modes d'expression,** facilitant le témoignage autant que l'argumentation. Il serait donc pertinent de continuer à explorer les **modes d'expression les plus adaptés pour les jeunes filles africaines en matière d'investigation du « privé »** et mieux cerner

Planche 4 - D'hier à aujourd'hui, femmes et expression

> **Femme ancienne, femme moderne : transition** : Dans la tradition Bobo, comme une carte postale ancienne en fait foi, pour **exprimer en public** un mécontentement conjugal (**privé**), une femme mariée se **scellait les lèvres** d'un bâton de bois, qu'elle ne retirait qu'après avoir accepté la solution proposée par le mari. Le dessin reprend cette idée, pour comparer avec la jeune femme moderne qui, même si sa coiffure et les bijoux ont évolué, **reste presque la même**, et sa **bouche reste fermée**. Les **techniques et outils de communication sociale ont changé**, mais comment les femmes vont-elles **savoir, pouvoir et vouloir** utiliser les **capacités interactives** des TIC pour **transformer** leur place dans leur communauté ?

dans quelle la mesure les jeunes filles/femmes pensent leur corps comme leur propriété avant – ou tout autant – que celle d'autrui ou de leur communauté. Les filles semblent avoir eu plus de faciliter pour **s'exprimer (mais non débattre)** sur ces questions devant des affiches murales (*Voir Planche 4*) qu'oralement.

Planche 5 - Excision et sexualité : expression de l'intime en public, par les filles

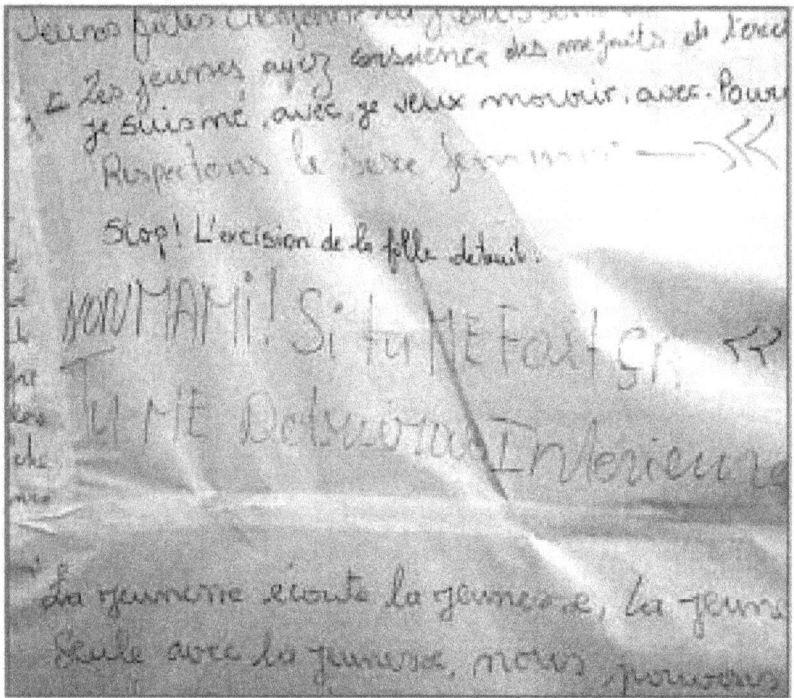

« Jeunes **filles citoyennes**, la **jouissance de ton corps t'appartient.**
Les jeunes, ayez **conscience** des méfaits de l'excision.
Je suis **né avec, je veux mourir avec.**
Pourquoi l'excision ?
Respectons le sexe de la femme.
Stop ! L'excision de la fille **détruit.**
Non Mami ! Si tu me fais **ça, tu me détruiras intérieurement**
La jeunesse écoute la jeunesse. **La jeunesse seule avec la jeunesse,** nous pouvons »

Les TIC : les jeunes à l'avant-garde
Une stratégie d'intégration
Les technologies sur lesquelles repose la société de l'information facilitent la **participation, l'interaction** et la **collaboration** au **débat public** de fond sur les principes, les politiques, les problématiques, les stratégies, l'évaluation. Ces innovations techniques ont été amplement mises à profit par l'utilisation des outils Internet disponibles dans les communautés excisantes retenues – blog, web, listes de discussions publiques et privées, forums, chat…. Les jeunes ont pu, grâce à l'usage des TIC, **passer à un autre niveau de connaissance et de rapport au temps et à l'espace.** Ils ont particulièrement assimilé le fait **qu'ils-elles sont bien placé-es** pour les utiliser, pour jouer, s'informer, débattre, s'exprimer, s'organiser collectivement et apprendre. Le blog réalisé par les jeunes pour les jeunes, à partir de contenus reproduits et de contenus originaux centrés sur les activités de théâtre, la vidéo témoignent du degré d'**apprentissage** et d'**autoformation** dont ils ont fait preuve.

Approches convergentes : jeunes, genre, citoyenneté et TIC
Plus fondamentalement, **l'analyse des problématiques** (l'abandon des MGF, TIC comme vecteur de développement citoyen, citoyenneté) **a été transformée par la conjonction de deux concepts** : la **jeunesse** (jeunes filles et jeunes garçons) comme porteuse de changement – et le **genre**, transversal à toute analyse sociale, y compris dans la compréhension du concept de jeunesse[15]. L'ensemble des acteur-es communautaires et institutionnel-les du projet (décideur-es, communicateur-trices, jeunes) ont validé la « **naturelle** » **responsabilité citoyenne des jeunes en termes de relève et de changement.** Les jeunes acteur-es du projet ont bien signifié leur prise de conscience différenciée selon les genres des **liens organiques** entre les concepts TIC[16] et citoyenneté, appliqués aux MGF. Ils-elles ont aussi pris conscience de **leurs responsabilités en termes d'alternatives et de bonnes pratiques à long terme** dans le domaine.

S'exercer à la citoyenneté et à la pratique de recherche
La recherche a permis aux jeunes de **s'exercer à la citoyenneté** en développant des **argumentaires, en s'exprimant sur des sujets très sensibles**, en **mobilisant** d'autres jeunes pour les amener à participer, en **communiquant** avec les personnes plus âgées, en organisant des activités parallèles. Les moyens mis en œuvre, en **virtuel et en présentiel,** ont donné lieu à des **formations appropriées** et ouvert différents **espaces d'information**. A chaque fois, les **jeunes** ont été amenés à y jouer **un rôle central** : collecte de données, restitution, réflexion, analyse, débat, synthèse… Ils ont ainsi pu créer des liens entre les différentes thématiques, des MGF à la citoyenneté en passant par les TIC et les inégalités de genre. Ce **lien**, même s'il est resté intuitif, est devenu un **référent** étonnamment **ancré**.

Encadré 8 - Recherche sur les MGF : des concepts et méthodes à actualiser

- **Une vision de genre tronquée :** « Ces documents [traitant de MGF, de TIC…] traitent de questions souvent liées directement à la femme et l'homme vient au second plan **pour supporter** les initiatives **et aider pour une meilleure intégration de la femme** dans les sources de décisions, dans les institutions politiques (nationales ou internationales), dans la société en général ».

- **Des carences en capacités conceptuelle, analytique, et réflexive :** « L'analyse conceptuelle est nouvelle pour nous en tout cas pour moi »…«… « La question des concepts (…) n'est pas tout à fait maîtrisée par les chercheures »… « La revue par les paires n'est pas comprise en général par (nous) les chercheures » … « Les chercheures devaient avoir cette formation avant de s'y lancer »… « J'avoue que ce exercice est l'un des plus difficiles que je n'ai jamais fais car c'est ma toute première fois et souvent ça se mélange dans ma tête. »… « J'avoue qu'il est difficile pour moi de trouver un thème sur lequel

travailler (dans l'analyse documentaire en ligne) »...
« A mon avis cette analyse [*Analyse critique de la Revue par les Paire*] est une analyse critique constructive, mais avec comme impression qu'on est passé à côté sur toutes les analyses. »... « Je ne m'offusque pas [*de l'analyse critique de la Revue par les Paires*] parce que ce que j'ai dit c'est la réalité »... « Moi **je ne doute nullement** du travail qui m'a été confié que j'ai accompli ».

- **Des méthodes et techniques normatives, sclérosées, pauvres en termes de résultats de recherche :** « Nous sommes des cadres »... « J'ai été une interface obéissante »... « Nous sommes des consultants, il faut l'accepter ainsi » ... « Il faut respecter les normes »... « Nous avons suscité des attentes, des espoirs »... « C'est notre crédibilité qui est en jeu ».

- **Une pratique non citoyenne, instituant des frontières et des hiérarchies :** « On est toutes assez engagées pour contribuer pleinement si toutes les dispositions sont prises »... « (*Le forum virtuel*) était un exercice interactif **qui a permis aux jeunes d'innover** (...). Le forum a (...) montré **la capacité d'innovation des jeunes**. L'appropriation des jeunes des TIC a crée une véritable dynamique de groupe »... « Comment participer sans pour autant influencer les idées des autres. Surtout aux **plus jeunes qui n'ont pas assez d'idées ou d'expériences** par rapport à ces thématiques. Par contre, par rapport aux lois, citoyenneté et autres, **je pense qu'on pourrait se prononcer** sur cette question, **mais d'une façon** que tout le monde comprendra. »... « Ce serait une grave erreur que de reproduire dans les ateliers que vous êtes en train d'organiser, ce type de biais que notre projet a principalement pour mission de redresser. »

> • **Des réticences à utiliser les TIC comme outil stratégique :** « On n'est pas sur la même longueur d'ondes »… « **Il faut prévoir de nous rencontrer** »
> (ENDA, 2008f)

Notes

1. Les principaux résultats de recherche sont téléchargeables en accès public sur le site web du projet : http://www.famafrique.org/tic-mgf/accueil.html.

2. Entendues ici au sens d'un accès communautaire à Internet et à une couverture en réseau de téléphonie mobile.

3. Source : http://fr.wikipedia.org/

4. Nietàa : évolution en bambara.

5. Musso Dambe : dignité de la femme en dioula.

6. Le Symposium « MGF : la jeunesse citoyenne utilise les TIC » *(avril - mai 2008)* a constitué l'apogée du processus de recherche mis en œuvre dans le cadre du projet TIC-MGF. Son objectif était de placer les jeunes, organisés en association, bénéficiaires directs du projet, au centre de la problématique et du processus de recherche-action sur la contribution citoyenne des TIC à l'abandon de l'excision, et notamment : d'élargir les résultats de recherche conceptuelle, opérationnelle et communautaire acquises durant les phases antérieures du projet ; de renforcer opérationnellement les capacités et connaissances des jeunes et de leurs associations ; de promouvoir des mécanismes et partenariats multiformes pour assurer la pérennisation des plans d'actions, des associations et du projet de recherche ; de progresser dans l'élaboration et le lancement des plans d'action communautaires des associations de jeunes.

7. Soit les centres d'accès communautaires et les organisations de développement à la base, les ordinateurs et les téléphones portables, la messagerie électronique, les listes de discussion, les blogs.

8. Présentiel (présence physique) : antonyme de virtuel (activité en ligne).

9. y compris dans la relation dialectique entre **l'observé-e et l'observant-e**.

10. Le débat inopiné avec les « résistants », déjà mentionné, en a été un exemple.

11. Les jeunes filles sont davantage sensibles (1) à la souffrance intime, (2) aux risques traditionnellement évoqués (santé, violence, violation de droit). Les jeunes hommes sont (1) solidaires avec les filles et personnellement sensibles aux conséquences sexuelles sur les filles, (2) personnellement concernés dans leur statut d'homme (père, frère, parent).

12. Par exemple, quand il a été discuté l'idée de fournir des peintures en aérosol pour tagger aux murs, au moment du symposium, sur le principe que les jeunes s'expriment dans le tag.

13. Un seul cas de témoignage *personnel* en public a été rapporté, déclenchant de manifestes réactions d'empathie de la part de *l'ensemble* de l'audience.

14. Dans les cultures traditionnelles, en particulier en d'Afrique de l'ouest francophone, la honte « est l'envers du code moral en vigueur dans une communauté », « dominée par la crainte du qu'en dira-t-on et l'angoisse d'une culpabilité rejaillissant sur l'ensemble de la communauté. Plus la place que l'on occupe dans l'échelle sociale est éminente, plus le sens de l'honneur, donc de la honte, se fait exigeant » ; « la honte garantit la pérennité des structures traditionnelles. Chez les Mossi du Yatenga, elle vise à empêcher les sujets de l'échange matrimonial et de la reproduction d'en devenir les arbitres : ces processus, que peut perturber la maîtrise du secret amoureux, doivent rester sous le contrôle des aînés ». « La honte à laquelle échappent difficilement les victimes (…) écrasées par la culpabilité d'avoir été contraintes à la participation et trahies par leur propre corps » (in : Anselmini, 2004).

15. Les rapports entre le genre, l'origine, la race, la classe sociale et l'origine sont souvent évoqués, mais peu d'études ont été consacrées aux rapports entre genre et jeunesse, ni par les spécialistes du genre, ni en Afrique. Pourtant le passage à la société de l'information, lié à la diffusion des TIC, permet de soupçonner un actuel et spécifique hiatus générationnel. Explorer la transversalité et l'interdépendance des deux concepts, leurs liens organiques avec l'économie, le pouvoir et la culture permettrait d'éclairer nombre de visions, politiques et stratégies sur la vie humaine et la transformation des rapports sociaux.

16. La recherche a constaté que les jeunes sont persuadé-es de la pertinence des TIC dans la promotion de l'abandon de l'excision.

La nécessaire option transdisciplinaire

Cette section décrit le paradigme transdisciplinaire que la recherche a permis de mettre en évidence : comment s'en énoncent les principaux pôles, quelles interrelations ils entretiennent, comment il est possible de les articuler.

L'excision, question citoyenne
Des droits à la justice
A l'appui de la stratégie prévalant actuellement, qui atteste de la nécessité de « *marquer le passage d'une conception des MGF comme question sociale, sanitaire ou religieuse, à une reconnaissance des MGF comme une violation des droits humains qui doit être traitée dans un cadre centré sur les droits humains* » (No Peace Without Justice, 2008), il convient de souligner que si l'excision est, certes, **une question de droits**, elle n'est pas **nécessairement une question de loi**. De ce fait, la recherche s'est interrogée sur les implications d'une stratégie centrée sur le **juridique**, risquant de **subordonner l'humanité aux droits humains**, plutôt que de négocier des **rapports de pouvoir, ouvrant vers une réelle justice de genre**.

L'excision est une pratique **communautaire** opérée, au nom de la tradition, sur les organes génitaux extérieurs des femmes, dans des communautés d'Afrique sahélienne, pour **préserver l'ordre socioculturel des sexes** en confortant l'aptitude au mariage des filles. C'est une pratique violente, dangereuse et **discriminatoire à l'encontre des femmes**, dont les risques se font sentir **chez les femmes, leurs enfants, leurs conjoints, leur parentèle, leur communauté**.

L'excision et le genre masculin
L'excision n'est pas, on l'a vu, une seule « affaire de femmes » : elle ne concerne pas que les femmes, les filles, elle concerne aussi tous les hommes (et non pas seulement ceux qui ont le pouvoir de décision) : l'excision est une « question de genres », car **chacun des genres (masculin et féminin) est directement touché par la pratique**.

Les hommes, dans leurs identités de genre, c'est-à-dire les pères, les frères, les maris, les fils, sont tout autant directement concernés par l'excision, non seulement par solidarité avec leurs filles, sœurs, épouses et enfants-filles, du fait des risques, souffrances, violences et dénis de droits que celles-ci subissent, **mais aussi directement, en termes de sexualité, de relations affectives, de plaisir, de socialisation de genre.**

Moderniser sans acculturer

La principale raison qui pousse certain-es a revendiquer la liberté de pouvoir continuer à exciser les filles (*voir Encadré 2*) est le souci, voire la peur, de voir la tradition communautaire (culturelle et/ou religieuse) – et donc **l'ordre des pouvoirs** - **remise en question.** **L'abandon de la pratique reviendrait à changer l'ordre social des sexes** (le marquage du genre sur le corps, par l'excision des femmes, la circoncision des hommes), au profit d'un ordre imposé de l'extérieur (celui de la mondialisation d'origine occidentale). Ceux qui prônent l'abandon de l'excision – **c'est-à-dire la majorité des adultes et la quasi unanimité des jeunes, filles et garçons** – font valoir que le bien-être des personnes (hommes et femmes, jeunes et aîné-es) ne doit pas nécessairement souffrir des normes édictées par les hommes et les femmes eux/elles-mêmes, et que la culture et la foi[1] n'en pâtiront pas. **Les jeunes, filles et garçons, sont prêts à entrer dans la modernité, et à en utiliser les outils, pour faire changer, mais non disparaître,** la/les culture-s africaine-s.

Pour en finir avec l'excision : le dialogue des genres
Identités masculines et féminines

Le concept de genre a été créé pour faire références aux **différences sociales** (c'est-à-dire culturelles, économiques, politiques, psychologiques, démographiques…) distinguant les hommes et les femmes, alors que le sexe fait référence aux différences physiques (anatomiques et biologiques). Le genre (social) est **l'identité**, masculine ou féminine, **construite par l'environnement social :** ce n'est pas une donnée « naturelle » mais le résultat de mécanismes extrêmement puissants de construction et de **reproduction sociale**, au travers de l'éducation et de la socialisation. L'identité de genre se traduit dans les **comportements, pratiques, rôles**, attribués aux personnes selon leur sexe social, à une époque et dans une culture donnée – et **peut donc varier** dans le temps et dans l'espace.

Dans les sociétés **patriarcales** – et dans les sociétés matrilinéaires –, **l'homme est éduqué comme producteur et dominant.** Ce statut est associé à la masculinité et à la virilité, au courage, à la résolution, à l'honneur, à la décision et à l'action. Cette **domination peut s'étendre** à l'expression, de la part des hommes et des garçons, d'un virilisme, **cherchant à prouver** la virilité, quand elle est ressentie comme **menacée,** notamment par l'évolution des relations entre les genres induits par la modernité[2]. La femme est plutôt éduquée à la **sollicitude,** la soumission, la subordination, l'accueil, la faiblesse et à la fertilité. Elle est éduquée à accepter la normalité d'un statut de « dominée »[3] et à assumer un double rôle de **production et de reproduction** : outre sa contribution économique, elle re-produit l'espèce et donc le renouvellement des **ressources physiques et valeurs morales sociales** tout en assurant la production, à titre gratuit, de services sociaux de base (soin, éducation, nutrition…).

Perspectives de genres

La manière dont on considère une question influe sur la réponse apportée à cette question. **Rechercher du coté des seules femmes les réponses aux questions sociales qui frappent les femmes du seul fait qu'elles sont femmes** (*Voir Planche 6*) – par exemple les pénalisations en termes d'espérance de vie, de santé et de sécurité, de formation et de statut économique, de participation politique et facultés d'expression, de culture, de participation, etc. – conduit à ne donner à ces questions **que des réponses partielles et inopérantes,** du fait que **ces pénalisations sont instituées par un système patriarcal** auquel participent les femmes **et** les hommes, et qui instituent des relations **inégalitaires** de genre.

Ces inégalités engendrées par ce système hiérarchisé s'établissent à l'avantage du genre masculin, du simple fait qu'il est **partie prenante du rapport de pouvoir entre les genres.** Elles peuvent aussi desservir, dans les faits, les hommes – les personnes de sexe masculin – par exemple en les enfermant dans un « rôle » de genre qui pourrait fort bien être tout aussi contraignant que celui réservé aux femmes (et au genre féminin). Cesser d'envisager comme « simples » « affaires de femmes » des pratiques et des stéréotypes, tels que celles et ceux en vigueur dans le domaine de l'excision, pour les analyser de manière à faire apparaître les relations sociales, qui ne sont pas égales, en termes de pouvoir, entre hommes et femmes, tout autant qu'entre les jeunes garçons et les jeunes filles, c'est avoir une **perspective de genre des rapports humains et sociaux.** Cela conduit à une **analyse critique** des **systèmes sociaux** (en l'occurrence, le système patriarcal) en ce qu'ils assignent **plus ou moins de réciprocité** (de **justice de genre**) – et donc de **solidarité** – entre les genres sociaux féminin et masculin. Cela implique, en outre, qu'une **sensibilité aux rapports entre les générations est concomitamment nécessaire à l'approche par le genre, en particulier dans le contexte actuel de la société africaine de l'information.**

Le genre révèle le politique
Les différences biologiques entre les sexes instituent des **rapports de complémentarité mais non d'inégalité** entre hommes et femmes. Par contre, les inégaux rapports de pouvoir institués par le système patriarcal – qui les fonde sur la subordination (hiérarchisation sociale) du genre féminin au genre masculin – ont une fonction d'organisation sociale, de nature politique, **dans le sens où la politique caractérise la participation à la gestion de la cité/communauté.** De ce fait, **les rapports de genre font partie de la question de la citoyenneté, de la démocratie, de la politique, puisqu'ils concentrent** (révèlent en une seule pratique) **les rapports de pouvoirs, d'égalité et de liberté.**

La citoyenneté ouest africaine à l'aune de l'excision
La citoyenneté, concept à critiquer
La citoyenneté – les modalités selon lesquelles est définie et gérée la cité, le village[4] – est à la fois un **statut** (un **ensemble de droits et de devoirs**), une **identité** (un sentiment **d'appartenance** à une communauté) et une **pratique** exercée par la **représentation et la participation** politiques, qui traduit la capacité de l'individu-e social-e à **peser sur l'espace public** en émettant un **jugement critique sur les choix de société** et en **réclamant le droit à exercer des droits.**
Cette vision de la citoyenneté, apparemment neutre en termes de genre, ne l'est pas : elle est **teintée de valeurs masculines,** imposant domination, hiérarchie et donc inégalités entre les individu-es, en termes de genre, de classe, de race. Les conventions qui régissent cette citoyenneté ne font que traduire la **masculinisation**

du politique qui **sépare** intentionnellement la **sphère privée** (personnelle, intime, domestique), supposée être dévolue aux femmes en raison de leurs astreintes de reproduction domestique, et la **sphère publique**, où se gèrent les affaires de l'Etat, ou de la communauté, où s'expriment les débats sociaux....

L'excision, au palmarès des TIC citoyennes ?

Question de genre, l'excision concerne tou-tes les acteur-es de la communauté et relève de la citoyenneté. Si l'excision n'était qu'une « affaire de femmes », elle limiterait la question à **l'« égalité » entre les femmes. Au contraire, elle les marque et les enferme dans leur rôle social de transmission** (du lignage), **rôle cantonné dans la sphère privée.** Cela les éloigne de leur pleine capacité à exercer leurs droits – non seulement humains, mais physiologiques[5] – et leurs devoirs[6]. De ce fait, **l'excision mérite une place de premier plan à l'âge des TIC, qui ouvrent une nouvelle ère de la citoyenneté.** Les jeunes, filles et garçons, ensemble et séparément, parce que les premiers à saisir les TIC comme moyens d'expression, sont directement concernés, tout autant que les aîné-es, hommes et femmes, **dans la sphère privée, intime, familiale et domestique, comme dans la sphère collective, sociale et publique.**

Les jeunes : des acteur-es en grandir
Jeunes en transition vers les aîné-es
La classe d'âge de la jeunesse suit celle de l'enfance et précède l'entrée dans l'âge adulte. La durée de la jeunesse varie en fonction de la longueur de la scolarisation avant l'entrée dans la vie active. Elle représente un temps de transition, de déséquilibre, de **changements** physiques, affectifs, intellectuels et psychiques. **L'éducation,** basée sur le **respect des règles** transmises par les aîné-es (parent-es, adultes, éducateur-es, encadreur-es, ancien-nes) est, parfois difficilement, remise en cause pour ouvrir sur de nouvelles **découvertes** culturelles (musique, loisirs, sport...) et des expériences cherchant à dépasser les limites connues, avant l'intégration au monde des adultes et de la responsabilité. L'émergence d'Internet favorise chez les jeunes la **culture de la communication, de la rencontre de l'autre et de la virtualité.**

Planche 6 - Rapports de genre, rapports de jeunes

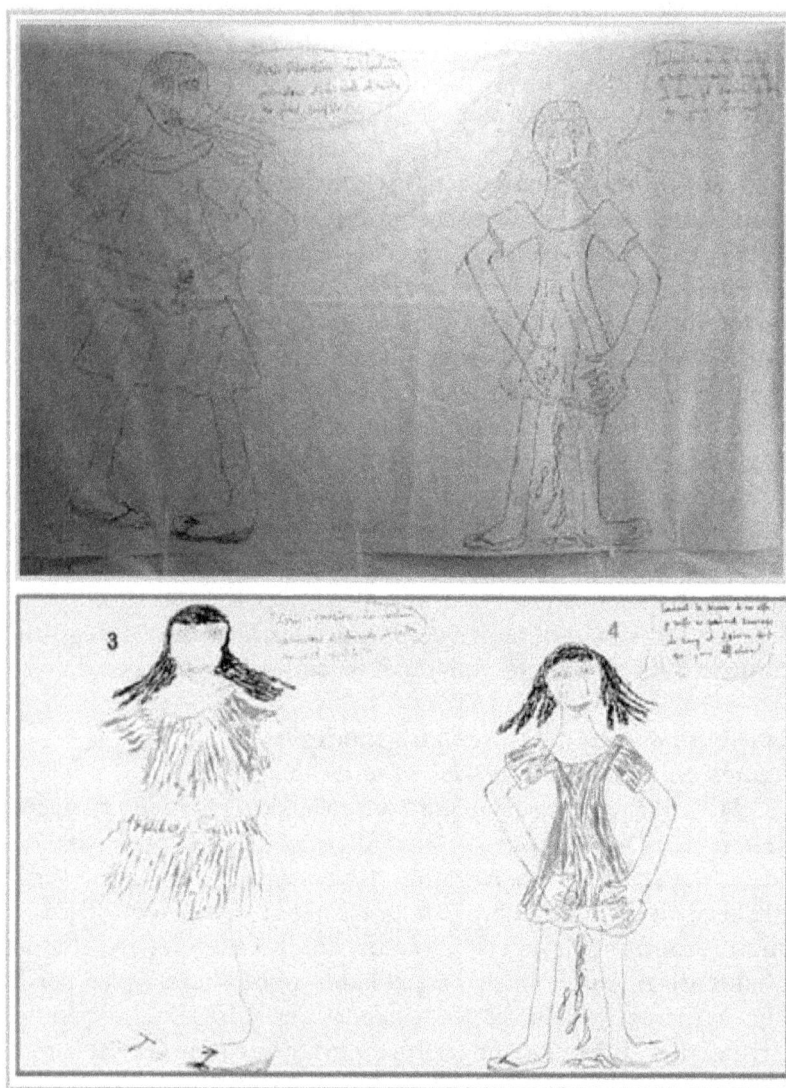

1— « Tous les garçons du village **n'ont plus besoin de moi**. Après cinq ans et depuis que je suis excisée, il est impossible pour moi **d'avoir un mari** »

2— « Désolation, impossible pour moi **d'avoir des enfants dans ma vie** »

3—Après l'excision, des douleurs intensives et des maux de ventre **me font souffrir**

4—« Pendant la période des règles, je **souffre** en perdant **beaucoup de sang** et il arrive des fois que j'urine **difficilement** »

Grandir, ça s'apprend

Les relations entre jeunes et aînés restent **ambivalentes**. Les jeunes souhaitent, pour une part, **rester de « bons » enfants**, appréciés par les membres de leur communauté parce qu'ils-elles en respectent les règles, enseignées par leurs aîné-es (*Voir Encadré 4*). Les aîné-es, pour leur part, envisagent à la fois de **continuer à exercer leurs rôles et prérogatives** de responsables, de **contrôler** les jeunes dont ils ne sont pas sûr-es qu'ils peuvent et doivent leur faire **confiance** – ce qui se traduit souvent par des attitudes paternalistes – et en même temps de les associer en tant que citoyen-nes à part entière pour prendre la **relève** dans la gestion de la communauté.

Encadré 9 - Faire comme les grands, quand on est jeune

(Comment les jeunes témoignent avoir vécu la phase de collecte de témoignages d'évaluation)

« (C'était) **amusant**, je me sentais comme un journaliste, un **grand**. C'était **difficile** pour moi d'aborder les gens parce que je n'ai jamais fait ce travail de journaliste. Quand les gens ne comprenaient pas le genre, **je me disais je suis obligé d'être** un instituteur devant eux en leur expliquant la définition de genre. C'était difficile d'aborder les gens car je ne les connaissais pas, je n'étais pas familier avec eux et il y avait **la**

différence d'age, et les gens allaient me trouver **impoli**. J'ai beaucoup appris le métier de journaliste. J'ai horreur qu'on me fasse la morale, ce que **je veux c'est parler et qu'on m'écoute**. Quand tu vas chez le grand c'est le contraire car c'est toi qui écoute et lui il parle. Je veux **être un bon garçon**, donc j'ai **peur d'être impoli**. Pour que la relation soit confortable, il faut : nous laisser nous exprimer comme on veut jusqu'a la fin de nos pensées et surtout ne pas nous couper, si tu nous coupes tu ne saura pas ce qu'on a dans le ventre (Nous **écouter**)- Amitié (qu'on soit **ami**)- **Ne pas nous minimiser et nous respecter**.- Qu'on ne nous impose pas les choses.- Qu'on ne prenne pas le haut sur nous, je **préfère l'égalité**.- Ne pas nous **étouffer** avec les reproches » *(B.M., 16 ans, garçon, ML)*

« C'était super. Je me sentais **professionnel** de la matière » … « Il est difficile de faire face a un aîné nous a été **inculqué** depuis le bas âge. Dans le temps seuls les aînés avaient le droit et les **plus petits les devoirs** et cela s'est répercuté automatiquement sur nous et nous l'exerçons sans même le savoir. En réalité ce n'est pas une peur d'être impoli mais **l'image que nos aînés auront de nous** » *(M.O. 27 ans, garçon, BF)*

« (C'était) **autoritaire et décisif** : devant le témoin tu poses des questions **comme un professeur et ses enfants** ; décisif car il fallait être **courageux** pour interroger un vieux qui a **l'âge de ton grand père** ; formateur car au finish tu deviens un journaliste sans le savoir, avec un jargon que **sans savoir comment tu l'utilises correctement** ; il était **respectable**. Ce qui a été dur pour moi c'est d'abord l'approche, surtout les personnes âgées, c'était **paniquant**. » … « Formateur car ce travail ma permis de comprendre que **je suis important** dans ma communauté ainsi que dans la vie active, j'ai appris le journalisme, j'ai **appris à dominer sans le vouloir** ; j'ai appris a **écouter attentivement**. C'était dur d'aborder les aînés c'était notre milieu, en l'Afrique on a été éduqués d'une même manière, c'est a dire que **le plus fort domine le plus faible** c'est

« l'impérialisme ». Si nous prenons l'initiative de poser des questions aux aînés, ils trouvent que c'est un **manque de respect** ou pire même **que nous voulons dire** qu'ils ne connaissent rien. Je crois qu'on est entrain de **gagner leur cœur** (des aînés). » *(W.T, 21 ans, fille, ML)*

(ENDA, 2008g)

Par ailleurs, l'éducation au savoir (intellectuel), au savoir-faire (pratique), à l'être (physique et psychique) et au savoir-être (capacité d'agir et de réagir) semble différente selon les genres. Dès le sevrage, les **jeunes garçons sont éduqués, par le jeu et l'autonomisation, à l'affrontement du risque, et les filles, par l'imitation, à l'évitement – mais à la gestion – du risque** (*Voir Encadré 3*). Internet, malgré ses pièges, devrait davantage permettre aux jeunes, et plus facilement aux jeunes garçons, de **construire leur propre savoir, loin du contrôle de leurs aîné-es**.

Encadré 10 - Etre un aîné, le rêve

« Un aîné c'est une personne qui est **doyen, ancien, premier né ou plus âgé** que toi, une personne qui est dans une catégorie **supérieure** (ex : adulte). J'ai **le dessus sur** (mes jeunes frères) car je **fais le chef** avec eux. Je fais le chef, mais je ne fais **pas un abus de pouvoir**. En terme de genre, un garçon peut être chef comme une fille peut être aussi, mais quand il s'agit **dans un foyer le garçon est toujours chef**. J'étudie bien **à l'école pour servir la cité**. On peut être **chef devant ses tantes**, au moment de la prière **puisqu'elles sont derrière toi**. Cela parce que **c'est la règle et pour toujours**. Par rapport à sa fille il y a les décisions, c'est **l'homme le chef suprême dans le foyer**. Parce que après le père c'est le jeune garçon s'il a l'âge bien sûr au cas contraire la mère joue le rôle de chef. Une personne est considérée aînée, si et seulement si elle est d'abord née avant moi c'est a dire qu'elle plus est âgée que moi ensuite a plus d'expérience

que moi, après une autre personne qui apprend plein de chose de la vie active même si cette dernière est inférieure reste aînée aussi. Moi aussi je suis aîné de mes frères qui sont dans les classes inférieures, ainsi dans le quartier. Mes relations avec ces derniers sont : **respectueux, exécuteur, dominateur.** *(B.M., 16 ans, garçon, ML)*
« L'aîné est en rapport avec l'âge, avec l'expérience, avec même la mentalité. Et on est obligé **d'accepter aimablement** les opinions de l'aîné ou de le contredire **de façon très très modérée.** » *(M.K., 26 ans, fille, ML)*

(ENDA, 2008g)

Devenir responsable : victimes ou citoyen-nes ?

Grandir, devenir responsable, c'est remettre en question les contraintes, inégalités et obligations présentés comme « naturelles » bien qu'elles soient des **constructions sociales.** Les **accepter, c'est se présenter en victime**, rester dans la position **subordonnée** des enfants, ce qui a ses **avantages**, tant pour les **victimes**, que pour la société qui les enferme dangereusement dans ce statut (**victimisation**) que pour ceux-celles qui perpétuent les inégalités. Décider d'agir, collectivement, pour **transformer les inégalités sociales en relations de solidarité**, consiste à **reformuler le monde** des adultes, des responsables, de la communauté. C'est également opter pour la **diversité** y compris entre les **cultures, les genres et les générations,** et ainsi proposer une autre définition de la jeunesse, trop souvent perçue comme un vaste « corpus » peu connu, qui incarne la reproduction et l'avenir de la société, dans l'incertitude et l'exclusion, tout autant que dans le dynamisme et la créativité (Assogba, 2007).

Les TIC : demain, c'est maintenant
Une grande famille
Les technologies de l'information et de la communication (TIC) forment une **vaste famille** comprenant l'ensemble des très divers outils, équipement, logiciels, et infrastructures permettant la production, le transport, le stockage et la présentation d'informations

de tout type, en exploitant les récents développements de l'informatique, de la télématique et du multimédia (ENDA, 2004). Chaque TIC ayant ses caractéristiques, avantages et inconvénients particuliers, certaines sont plus appropriées que d'autres selon l'usage qui est recherché. Les unes sont davantage **immédiatement interactives** et permettent une réponse en temps réel, d'autres sont davantage pertinentes dans des **contextes de pauvreté**, d'autres encore sont plus intéressantes en termes de **pérennité ou d'impact**.

Plus que des moyens de communication

Auparavant les moyens de communication (le tam-tam, le journal, le théâtre, la télévision, la radio, etc.) s'appuyaient sur des techniques, des infrastructures et des équipements permettant la **transmission** de l'information, mais difficilement la **rétroaction** (le feed-back, le dialogue, l'échange) immédiate entre le-la producteur-e du message initial et son auditeur-e. Si les TIC, basées sur l'exploitation **convergente** de l'informatique, de la télématique, du multimédia, sont disponibles et accessibles, **chaque utilisateur-e devient, en même temps, émetteur-e et récepteur-e de l'information**. Cela permet à chacun-e de **participer activement, de façon autonome et à égalité, à l'expression, à la négociation, à la gestion, à la mise en œuvre, au contrôle et à l'évaluation des affaires publiques**, villageoises, citoyennes, familiales, entre pair-es, groupes, communautés et régions. Les TIC représentent alors des **outils stratégiques de développement citoyen et démocratique**.

La société africaine de l'information est là

Dans la société de l'information, les **éléments immatériels de la connaissance** (le savoir, les contenus) deviennent incommensurablement **plus importants et précieux que les outils et techniques** (l'informatique, l'Internet, les télécommunications) qui en permettent la diffusion et le partage. En Afrique de l'ouest francophone, en particulier, comme dans les régions marginalisées du monde et dans les sociétés basées sur l'inégalité, **la société de l'information s'installe sous le signe de l'exclusion** (fracture numérique) dans de nombreux domaines : accès et accessibilités, capacités, contenus, contrôle (ENDA, 2005).

Pourtant, les technologies de l'information et de communication, basées sur la numérisation des données d'information, changent profondément la vie au quotidien de ces personnes, des communautés, des organisations, et **entraînent de nouvelles représentations mentales et sociales.** Renouveler les visions permettrait **d'innover et de créer de nouvelles solidarités.**

La fracture numérique de genre chez les jeunes

Internet et la téléphonie mobile se sont répandues tardivement mais à vitesse accélérée en Afrique de l'ouest francophone. Pourtant, les femmes ont globalement un tiers de chances en moins que les hommes de bénéficier des avantages de la société africaine de l'information. Parmi les jeunes scolarisé-es, la fracture numérique de genre est peu prononcée en termes d'accès et d'accessibilité mais **très réelle en termes de contrôle, de contenus, de capacités et de rôles de genre.** La société africaine de l'information semble plutôt réserver **aux jeunes hommes les activités ludiques de consommation d'ordre technique et aux jeunes femmes le statut d'exécutantes novices** (ENDA, 2005).

TIC, développement et citoyenneté : la chance des jeunes

La société africaine de l'information devrait être porteuse d'espoirs de développement humain durable pour toutes et tous, chacun-e ayant capacité à **participer à la gouvernance** de l'ensemble des droits et des devoirs, relevant ou non de la loi, **dans sa vie privée et dans sa vie collective,** communautaire, au sein d'espaces locaux, nationaux et régionaux **de plus en plus interdépendants et interagissants.** Les jeunes occupent une place importante, quoique souvent marginalisée dans les politiques de développement. Leur capacité à participer est difficile à mettre en œuvre du fait de la place subordonnée qui leur est assignée dans la hiérarchie sociale. **Mais si les jeunes garçons savent qu'ils s'élèveront immanquablement dans cette hiérarchie, les jeunes filles sont davantage pénalisées,** car les rapports sociaux de sexe **(leur genre) les cantonnent dans la sphère privée non reconnue ni même valorisée comme domaine d'exercice de la citoyenneté.**

L'excision à l'heure d'Internet ... et des jeunes

Que va devenir l'excision si – ou plutôt dès que – Internet s'en mêle(ra) ? Comment évaluer cette « chance » que représenteraient les TIC, si, **sous prétexte d'informer ou de sensibiliser le grand public**, sont diffusées des images, des vidéos, des commentaires **stigmatisants, spectaculaires, voire pornographiques ?** Comment anticiper de concert avec l'innovation, pour **rassembler** des gens – et notamment des jeunes, filles et garçons, et les autres acteur-es communautaires –, pour qu'ils-elles **échangent** leurs expériences, opinions et propositions, pour faire **évoluer** la situation, en informant, en sensibilisant, en plaidant auprès des décideurs (politiques, communautaires, sociaux, familiaux), **pour que le marquage des identités communautaires s'inscrivent dans d'autres registres que l'intervention mutilante sur l'organe sexuel des femmes ?**

TIC et tradition : réunir les sagesses

Transmettre et enrichir l'héritage immatériel, la mémoire et la conscience collective de l'identité des communautés, **reste un devoir citoyen**. Mais, dans quelles conditions la tradition peut-elle, doit-elle, et va-t-elle évoluer et innover, avec les TIC ? Quel rôle les jeunes, filles et garçons vont-ils/elles jouer dans ce processus, en tant qu'acteur-es, que consommateur-es et producteur-es de contenus, d'outils, d'applications, de réseaux ? Avec quel-les allié-es, parmi les communautés, les institutions, les pouvoirs publics ?

Les nouvelles conditions techniques (**interactivité**) amenées par les nouvelles technologies numériques imposent de nouvelles méthodes. **Celles qui reposent sur la fragmentation et l'autarcie des disciplines, des rôles et des savoirs[7] ne semblent pas adaptées à la société de la connaissance.** Les méthodes ajustées au village planétaire solidaire sont à créer parmi celles, fondées sur les réseaux ouverts, qui renforcent **la participation citoyenne, l'inclusion, la créativité**.

De l'hypertexte à la créativité

La caractéristique technique de **l'hypertexte, en rupture avec la logique unidirectionnelle et verticale de la diffusion « traditionnelle » de l'information** par les médias classiques, se traduit, par les possibilités **d'interactivité convergente** entre les TIC, ainsi **qu'entre ceux et celles qui les utilisent.** C'est la principale innovation apportée par les TIC. **Transposée dans le social et la culture, cette avancée technique redéfinit les rapports entre les personnes, et leurs capacités à contribuer** à la gestion des communautés. En termes politiques, elle permet **de remettre en question des inégalités** – entre les générations, entre les genres, entre les personnes, entre les communautés, les nations, les cultures – et de réviser **les objectifs, les méthodes et les moyens du développement humain durable, personnel et collectif.** En termes stratégiques, c'est la possibilité, voire la nécessité de **stimuler la créativité**, en particulier par celles et ceux qui ont été pénalisés par la marginalisation, pour **saisir la chance** d'un avenir où ils-elles prennent leur place, directe et active.

Changer, comment ?
Innover dans la société de la connaissance
L'information est l'organisation de données en messages, mais **la connaissance, implique la personne, les systèmes de représentation, les valeurs.** La société et l'économie de la connaissance se développent avec les progrès technologiques (dont les TIC), les échanges, les réseaux et la mondialisation. La société de la connaissance **oblige à innover** : l'important est moins le flux d'information et les réseaux qui les supportent, que **le savoir, l'expertise, la créativité, l'innovation, la connaissance.** Le **statut d'innovateur est d'ailleurs moins que jamais réservé à ceux qui en font profession** (Kaplan, 2005). Mais, parce que la société de l'information est **plus marquée par l'économie que par la philanthropie**, elle est davantage stimulée par ce qui constitue, au sein du secteur des télécommunications, **un « marché »** (l'offre, la demande, entre pays, entre entreprises privées surtout). Aussi **les limites entre innovation économique et sociale** se brouillent, de même qu'entre **innovation et usage, marchand et non marchand.**

Innover dans les communautés africaines
La récente et vigoureuse pénétration des TIC (le téléphone portable, Internet…) dans les communautés d'Afrique **jette un nouvel éclairage sur les pratiques et stratégies** collaboratives, concrètes et/ou virtuelles, d'information, de connaissance, d'échange,

d'organisation et de transformation des savoirs, des savoir-faire et des savoir-être, y compris en réseaux, entre les personnes et les Etats. **L'identité communautaire** s'appuie sur la tradition, le devoir de transmission et de valorisation des contenus et de la mémoire collective, alors que les contenus transmis par les TIC sont souvent **produits à l'extérieur** des communautés et pas toujours à leur avantage. Ces contenus **changent les relations entre les genres** masculin et féminin **et les générations** jeunes et aînées. Les communautés africaines − et les personnes qui les composent - **bénéficieraient davantage de la société de l'information, en innovant selon leurs besoins dans la production d'usages et de contenus**, qu'en se limitant à consommer des appareils, applications et contenus proposés par l'extérieur.

A nouvelle société, nouveau paradigme
En offrant la capacité d'informer, de communiquer, d'échanger, de s'allier et d'agir plus vite, plus loin, plus facilement, les TIC représentent **une nouvelle chance pour le développement** personnel, des jeunes, des filles, des garçons, pour le développement collectif, communautaire, pour l'Afrique. **A l'ère de la mondialisation, penser globalement l'excision, le genre, la citoyenneté, les jeunes et les TIC, c'est voir globalement l'enjeu de développement pour les communautés d'Afrique de demain, celle des jeunes d'aujourd'hui** (*Voir Encadré 5*). C'est **faire le lien entre ces cinq concepts** et les sortir des compartiments où on voudrait bien les y laisser, pour mieux enfermer ou cloisonner les personnes[8] ou les méthodes[9]. **L'excision, le genre, la citoyenneté, les jeunes et les TIC, interagissent, connaissent des intersections, s'interconnectent**, ce qui autorise d'emblée une **vision transversale qui rompt avec la vision verticale**[10] et **uniforme**[11] **du monde.**

Encadré 11 - Le paradigme transdisciplinaire vu par les jeunes

« L'élément primaire - le genre ici - représente les jeunes, la jeunesse est centrée car tout les autres thématiques sont d'abord utilisées par les jeunes et aussi sont transdisciplinaires. **Toutes les différentes thématiques sont en étroite collaboration quelle coïncidence !!!** » ... « Supposons **une moto qui représente le jeune. L'essence** représente le genre. La **route** les TIC. Le **propriétaire de la moto est MGF.** La **citoyenneté est le pays** où réside le propriétaire. Sans la moto on ne peut pas travailler avec les autre éléments, sans l'essence la moto ne peut pas rouler, sans route ni moto ni essence, ni propriétaire, ça n'a pas de sens, sans propriétaire on ne parlera même pas des autres éléments, sans territoire tout les autres se tueront par méchanceté : juste pour dire que **toutes ces thématiques sont complémentaires donc indissociables, si on enlève l'un, les autres s'écroulent.** » *(W.T, 21 ans, fille, BF)*

« Le combat contre les MGF se fait pour les jeunes donc il est indispensable la présence de ces jeunes là. **La manière de voir les MGF, c'est négatif.** Les TIC sont le meilleur moyen d'information et de communication sophistiqué qui atteint directement la cible et qui est fiable. Le genre parce que les deux sexes sont tous concernés dans le combat, **en plus c'est pendant le combat que l'inégalité de genre** va disparaître donc le genre est important. La citoyenneté parce que c'est important dans la vie associative, c'est la transparence, c'est le respect des règles. » *(B.M., 16 ans, garçon, ML)*

« Tout peuple a besoin de bras solides, en plus *(les jeunes sont)* des futurs pères et mères de familles donc de nouveaux dirigeants. Tout ce qui concerne la femme a toujours été tabou. Et surtout en Afrique on n'était pas conviées aux prises de décision. La femme n'a fait que subir. Plus de mal à la femme, assez. Le monde a changé, **la science galope à pas de géant et pourquoi rassembler des oiseaux si l'on craint le bruit des ailes ?** Il faut que l'info passe semblable à un lever de

> soleil. Les relations de genre doivent être meilleures car la pratique a montré que à deux c'est toujours mieux. Pourquoi se battre avec un bras si on a les deux ? » *(F.B., 20 ans, fille, SN)*
>
> (ENDA, 2008g)

La créativité en exergue

Les analyses **transdisciplinaire et transversale** de six importantes problématiques de développement (les MGF, les TIC pour le développement, la citoyenneté, la jeunesse, le genre, l'intégration politique africaine), ouvrent sur un **nouveau paradigme de développement à l'ère numérique.** Selon cette perception, les pratiques telles que les MGF et les TIC, dans le contexte de la mondialisation induite par la société de l'information, dont les jeunes, filles et garçons, sont appelés à être les acteurs agissants, révèlent la dialectique de la diversité et de la mise en visibilité du politique, au travers des pratiques citoyennes, et donc relatives aussi au genre : **l'ère numérique impose un saut qualitatif dans le niveau de perception, nécessairement transdisciplinaire, et faisant immanquablement appel à la créativité.** Le développement ne reste plus confiné dans les sphères institutionnelles ou/et civiles, voire relevant du secteur privé de l'économie, toutes le plus souvent dirigées et orientées par des adultes, mais s'ouvre à des sphères plus associatives, citoyennes, même si cette tendance reste à consolider.

En utilisant les TIC pour exprimer leurs attentes et leurs besoins, les jeunes, et leurs ainé-es ont redéfini leur idée du développement. Hypnotisé-es par l'enfermement dans lequel ils-elles sont placées, en tant que « bénéficiaires » de projets de développement, dans une position de **victimes impuissantes et en attente**, devant les **obstacles et contraintes** (ceux de la fracture numérique) engendrés par la société africaine de l'Information[12], **ils ont changé de rôle du fait de participer** au processus de recherche. L'accent mis sur les **besoins de renforcement des capacités au changement, à l'innovation, à l'adaptation** (des acteur-es, des problématiques, des processus)… a permis de conjurer le possible tarissement du dynamisme et de la créativité des jeunes, ainsi que de la dynamique globale générée par la recherche.

Par contre, d'autres **obstacles réels** à l'utilisation des TIC dans une optique citoyenne n'ont pas été suffisamment **reconnus ni assimilés**, tels que la tendance spontanée à **utiliser les TIC comme outils et techniques** (sites web, blog, mobiles…) plutôt que dans leurs **potentiels stratégiques** d'action citoyenne, pour promouvoir l'abandon des MGF, le changement ou un autre modèle de développement.

De la même façon, la dialectique **contenants/contenus** reste encore à développer et à vulgariser, afin de **passer d'une vision consumériste des TIC vers leurs usages citoyens et politiques** et de générer une réelle appropriation de la société de l'information et de ses enjeux économiques, politiques, sociaux et culturels.

Notes

1. Car l'excision n'est pas une demande divine, aucune religion révélée ne la demandant (voir notamment : Université El Azar, 2006).

2. Ainsi que dans d'autres circonstances, comme, par exemple, le viol de guerre

3. C'est à dire : de second rang, de « variante » par rapport à une norme présentée comme universelle (neutre) alors qu'elle a pour référence le genre dominant, masculin.

4. Voir note 22, page 39.

5. C'est-à-dire : non seulement le droit à l'intégrité physique, la protection contre la violence, la santé, mais aussi le droit au plaisir, à la liberté.

6. Notamment : respecter les droits des autres, identiques aux siens ; participer aux affaires publiques de la communauté.

7. Par exemple entre les « savant-es », ceux-celles qui savent, et les « ignorant-es », ceux-celles qui ne savent pas.

8. Mieux séparer les affaires de femmes et celles des hommes, par exemple.

9. Celles qui dénient aux jeunes leur capacité citoyenne, par exemple.

10. Celles qui sont orientées du haut vers le bas.

11. Qui prétendrait qu'au Nord, comme au Sud, tout le monde, femmes et hommes sont pareils.

12. Celles qui ont été évoqués durant le projet ont pour nom : analphabétisme, diversité des langues africaines, faiblesse des capacités associatives, pénétration, accès et accessibilité des TIC…

Innover : politiser le privé et intégrer le masculin

Cette section expose les principaux résultats de recherche obtenus à l'issue du projet TIC-MGF. Ils montrent que, pour que les TIC soient utilisées, par les jeunes, filles et garçons, dans les communautés excisantes d'Afrique, et pour promouvoir l'abandon de l'excision, les lignes force s'articulent autour de l'innovation, de la compréhension de la dimension politique du privé, et de l'intégration du masculin dans l'analyse des rapports de genre.

Innover comme impératif de recherche

La recherche a **innové** en revisitant les concepts étudiés, en formulant une problématique traversant les thématiques, dans les méthodologies, les processus et les acteur-es de recherche. En termes de résultats, l'innovation se repère d'abord au fort **désir d'appropriation** qu'a suscité le projet, par des **ébauches de transformation** en **recherche-action, et de pérennisation au travers d'actions** – certaines concrétisées localement et dans la sous-région, par les associations de jeunes et par les institutions impliquées dans le processus[1] –, de propositions, notamment en termes de renforcement de capacités personnelles, associatives et institutionnelles, et d'activités complémentaires.

La constante et scrupuleuse attention apportée à la parité, dans tous les groupes et espaces de travail, présentiels ou virtuels a permis **deux avancées qualitatives** : d'une part les **filles** ont eu l'**occasion** de s'exprimer **à égalité avec les garçons** – avec les résultats mitigés qui ont été exposés plus haut – et d'autre part, la **dimension genre** a été **mieux perçue et assimilée comme centrale** par l'ensemble des acteur-es, a priori peu conscient-es de sa réalité, de sa pertinence, voire même de son existence.

La détermination pour l'inclusion a **transformé la démarche et la méthodologie de recherche** – a priori **classique** (sectorielle) – en un processus intergénérationnel et transdisciplinaire, installant les différentes catégories d'acteur-es (chercheur-es, formateur-es, encadreur-es, associations de jeunes) dans des positions équivalentes de **porteur-es de recherche, de producteur-es de sens, de bénéficiaires des résultats.** La recherche a ainsi été utile au terrain de recherche, en même temps que le terrain a enrichi la recherche, ce qui n'est pas fréquent.

C'est parce que le projet a été conçu initialement comme un projet de recherche qualitatif qu'il a – sans déroger au sens du projet initial – **eu la faculté de s'adapter, et d'évoluer dans ses méthodes** au fil des résultats de recherche successivement engrangés : sans cette liberté, il n'aurait pas été possible d'aller aussi loin dans l'appropriation et l'élaboration des concepts abordés, ni dans les recommandations d'actions. Thématiques, besoins et analyses ont été transformés par l'évolution du projet, qui débouche ainsi sur des conclusions beaucoup plus fortes que ce que l'on aurait pu en attendre de prime abord. La recherche a démontré à quel point la **réflexivité et l'ouverture** sont nécessaires, dans les problématiques de développement social centrées sur le genre, la citoyenneté et la société de l'information, pour rompre avec des stéréotypes et pesanteurs socioculturels et disciplinaires solidement ancrés dans les pratiques comme dans les processus de réflexion.

Le véritable **point de bascule**, qui a permis au projet de se déployer dans sa véritable envergure, a été la rencontre **présentielle** de l'ensemble des acteur-es durant le Symposium. Mais c'est grâce aux TIC que le projet a pu réaliser sa pleine et profonde ambition **fédératrice,** en termes **géographiques** (ensemble sous-régional), **générationnels** et de **genres** autour d'une cause qui est devenue l'affaire de tou-tes alors qu'elle n'était pas initialement perçue comme telle par l'ensemble des acteur-es, y compris dans le milieu de la recherche.

Une gouvernance citoyenne du public et du privé
Repérer le politique

La recherche a contribué à creuser l'analyse du concept de citoyenneté – **dans le concret et dans le contexte** des communautés d'Afrique ouest africaines : les rapports entre **le public/l'étatique/le civil** d'une part, et **le privé/le domestique/ l'intime** d'autre part, ainsi que l'importance de la conscience des **droits et devoirs dans la communauté** ont été questionnés pour aboutir à la reconnaissance du **politique du public et du privé,** rappelant la conceptualisation des sphères privées et publiques introduite par les études de genre et le féminisme.

Encadré 12 - Citoyenneté au féminin/masculin

Citoyenneté au féminin : **la victimisation**	**Citoyenneté au masculin :** **le virilisme**
Les filles sont **peu réactives sur la question de la citoyenneté, mais l'acceptent comme norme sociale** et ne contestent pas la nécessité d'être « bonne citoyenne ». **Leur discours sur les MGF est axé sur la souffrance privée et personnelle.** Il faudrait leur demander ce **qu'elles considèrent faire partie de leur vie privée, de leur vie intime,** avant de dire ce qu'elles considèrent faire partie de la vie « publique », en particulier en ce qui concerne leurs organes génitaux externes.	Les garçons se voient comme des **citoyens publics actifs** etpotentiellement **responsables,** même s'ils manquent **d'expérience** et agissent sur des bases relativement **stéréotypées** et marquées par l'enfance : le cadet doit être **formaté, comme l'aîné et par l'aîné, pour être un bon garçon.**
La citoyenneté hiérarchisée, nivelée, cloisonnée, verticale, inégalitaire, socialement construite au masculin, écarte les actions, paroles et comportements de femme, qui pourraient tout aussi bien relever de l'exercice de la citoyenneté. Un modèle de citoyenneté dont les codes ne seraient pas le pouvoir, la domination et l'exercice des droits et des devoirs comme des obligations, ouvrant perspectives,	La **peur** des garçons face à un **changement** de société qu'ils croient être en leur **défaveur** (Demers, 2003) alimente la reproduction **des violences symboliques, institutionnalisées et conditionnées pour être reproduites** (Bourdieu et Passeron, 1970), y compris par les victimes de cette violence, les femmes, et dans le domaine des MGF.
	« Si les hommes ne dominent plus, cela veut dire que ce sont les femmes qui vont se mettre à dominer » : il n'y a pas et il n'y a jamais

débats, liberté et égalité et incluant la **visibilité de l'intime (sphère privée), comme pierre angulaire des rapports de genre et donc de la démocratie** est-il possible ? Les filles ont des choses intéressantes à dire, mais il faudrait **interroger leur désir de s'exprimer** : à qui aimeraient-elles parler, de quoi ? Elles ont parlé de **mobilisation** aux autres femmes, elles ont cherché à **culpabiliser** et **sensibiliser** les exciseuses, elles ont parlé de leurs **souffrances** de femmes, de leur expérience de filles excisées, pour dire qu'elles ont assez souffert, qu'elles ont **besoin** d'aide. Elles ont parlé aux hommes, sur le mode de la **revendication**, de l'affrontement, sur le mode libératoire du rap et des relations de parenté plaisantante (Ndiaye, 1992).

Vues traditionnellement comme des **victimes** des MGF, les filles/femmes finissent par se **positionner comme victimes**. Les femmes ont saisi à leur manière l'espace offert par le projet : **en dehors du discours** sur l'inégalité de genre, elles ne se voient pas dans l'action et **attendent leur libération des hommes et/ ou des institutions** eu dans ce projet de la part des garçons un imaginaire de l'égalité encore

moins de la liberté. L'égalité entre les hommes et les **femmes qu'implique l'abandon des MGF, à long terme, fait davantage peur aux jeunes garçons qu'aux jeunes filles** car pour les premiers il y a **enjeu de pouvoir et remise en cause de leur rôle social** (ce qui à quoi ils ne semblent pas prêts) et pour les deuxièmes il y a au contraire **enjeu de liberté**. Ceci constitue le fondement de l'argumentaire des « résistants » (hommes) aux MGF : « Si on touche aux MGF on touche à mon statut viril (= de chef) (…) si on se laisse faire sur les MGF, ce sera ensuite le tour de notre sexe (masculin) qu'on interdira de circoncire, » ce qui provoquerait un « **génocide culturel** ».

Les filles sont-elles vues comme les propriétés des garçons et les garçons comme protecteurs des filles ? Cette interprétation serait à vérifier : « Nous, les hommes, qui avons accepté de soutenir ces femmes dans la lutte contre les MGF parce que c'est un rôle citoyen, chercherons-nous à dominer ces femmes qui sont déjà dominées ? » (ENDA 2008e)

C'est une avancée qualitative importante que de **repérer le politique** – en tant que rapports (sociaux, donc politiques) de genre - dans la pratique des **MGF**[2], d'une part, ainsi que dans le domaine des **TIC** – en tant que possible espace d'exercice de la citoyenneté, d'autre part.

Des citoyennetés différentes

Les **garçons** se voient facilement citoyens. Pour eux, être citoyen c'est **avoir des droits et des devoirs**, et, préférablement, les **exercer de manière active**, dans la **sphère publique**, à partir d'une vision assez **stéréotypée**, peu argumentée et **teintée de l'appartenance à l'enfance et à la morale**. Ils glissent facilement de la question des droits et devoirs à des notions de lois, hiérarchie, introduisant la question de **domination**, vue comme nécessaire, sans pour autant la mettre en cause (*Voir Encadré 6*).

Les **filles** se définissent avant tout **individuellement** comme femmes, filles, mères, ayant besoin d'aide personnalisée (domaine privé) tout en lançant un appel collectif (domaine public) sur les thèmes « *c'est mon droit le plus absolu* » et « *aidez-moi* ». En exprimant un **besoin d'assistance**, les filles se présentent davantage comme **victimes** – et elles sont d'ailleurs **toujours** présentées comme telles par les autres acteur-es – que comme actrices citoyennes, sans s'interroger, dans leur grande majorité, **sur les notions de droits et de libertés** au sein de leurs communautés. Il est vrai que les fortes pressions socioculturelles auxquelles elles sont confrontées constituent un obstacle à l'expression de leurs réelles capacités et forces de mobilisation.

Il est probable que **l'unique modèle de citoyenneté qui leur est proposé, en l'occurrence par leurs homologues masculins, n'est pas pertinent pour elles.** D'où leurs **difficultés de communication en public** qui pourraient faire l'objet d'une attention spécifique, en particulier en regard du processus de socialisation de genre auquel elles sont soumises. Force est de constater que **le concept de citoyenneté est fortement imprégné de valeurs masculines.**

Du vécu à la conscience, un gouffre

Tant pour les filles que pour les garçons, il y a un gouffre, en termes de **connaissances, reconnaissance, questionnement, critique et argumentation,** à combler entre d'une part leur vécu et pratique au quotidien, personnel, associatif, collectif et communautaire, et d'autre part, l'élaboration consciente, déterminée et agissante qu'ils-elles en font.

Dans tous les cas, pour les uns et pour les autres, il y a confusion entre droits et lois, et difficulté à identifier qui a des droits, qui décide, qui domine... et pourquoi.

Les jeunes (hommes surtout) sont **convaincu-es de leur capacité à se déterminer** sur le fond. Il-elles sont **conscient-es** de leurs faiblesses/manques, qu'il-elles attribuent d'une part au **statut de dominé** de l'enfant/ du non-adulte dans le système éducatif communautaire traditionnel, et d'autre part à **un besoin d'appui technique et matériel** – le besoin d'appui **administratif, politique ou stratégique** étant **remarquablement et systématiquement** passé sous silence. Cette observation permet d'affirmer qu'il-elles entérinent/intègrent inconsciemment leur position de « **dominé-e** » en attente et en demande d'ordre matérialiste, plutôt qu' « **ayant-droit** » acteur-trice « pensant-e » et « agissant-e ». Le passage du statut de la personne d' « **objet** » à « **sujet »,** même s'il a été effectué à l'occasion de la recherche, n'est pas approprié par les intéressé-es comme **avancée politique** nécessaire pour le changement social.

De fait, les **concepts les plus porteurs de sens restent les moins ancrés** : **démocratie** (jeunes *vs* « aînés » ; éducation *vs* pouvoir ; égalité *vs* domination ; liberté/démocratie *vs* devoirs/lois), **citoyenneté** (sphère publique *vs* sphère privée), **genre** (participation et analyse du point de vue des rapports sociaux de sexe *vs* parité numérique/participation féminine quantitative).

Interroger le politique de la citoyenneté

En fait, la **capacité citoyenne** – et non l'état citoyen – des jeunes devrait s'évaluer à l'aune de leurs **comportements et activités**, plutôt qu'à leur « nature » de jeunes. Cette approche implique de déterminer **en quoi** ils/elles s'intéressent **en premier lieu** à la **chose publique** – par des voies politiques, publiques ou civiles ou du secteur privé de l'économie – plutôt qu'à la **chose privée** – davantage centrée sur le soi, la personne, le ressenti, le vécu, l'expérience personnelle, l'intime – étant entendu que la démarche à faire relève plus d'une **investigation politisée** que d'une introspection égocentrée.

De fait, la recherche a permis de poser des questions : **est-ce qu'on est vraiment citoyen-ne si on fait de l'action citoyenne sans savoir ce qu'est la citoyenneté ?** Ou encore : **de quelle citoyenneté parle-t-on ? Comment est-elle communément comprise et construite ? Qui alloue des fonctions sociales spécifiques aux femmes ?** Autrement dit : **existe-t-il une vision critique, d'un point de vue de genre, de la citoyenneté, telle que construite par des sociétés patriarcales, donc largement marquées par le masculin**, en termes de pouvoir, de hiérarchisation, de verticalité, de domination, d'inégalités... ?

Les réponses à ces questions résident certainement dans **l'investigation de la sphère privée**[3] (l'intime, le lieu et le rôle de reproduction...) non reconnue ni mise en visibilité dans la société patriarcale. Elles demanderaient aussi la **proposition d'alternatives** davantage favorables à l'égalité des genres, construisant un modèle de citoyenneté dont les codes ne seraient pas le **pouvoir**, la **domination** et **l'exercice des droits et des devoirs comme des obligations** – ainsi qu'il en est ressorti dans toutes les rencontres –, mais s'ouvrant plutôt sur des **perspectives et débats** centrés sur la **liberté et l'égalité,** et donc la **démocratie,** et incluant la **visibilité de l'intime** (sphère privée), comme pierre angulaire de rapports de genre plus justes.

Aussi, **l'approfondissement de l'analyse de genre de l'exercice de la citoyenneté** constitue une piste de recherche ouverte par le projet, abordant le public et l'intime des femmes, **ainsi que les stratégies qu'elles mettent en œuvre** pour passer sans cesse de la sphère privée à la sphère publique afin d'assumer leurs fonctions sociales de production/re-production.

Approche genrée versus aveuglement au virilisme
Une question de genre ET intergénérationnelle

Cette recherche a confirmé **l'hypothèse de départ** : les interventions et programmes institutionnels menés contre la pratique des MGF depuis 25 ans, en cantonnant l'excision à un « problème de femmes » (d'age mûr) et de « décideur communautaire », **marginalisés** ont les **jeunes** - filles et garçons - et **totalement occultée** sa **dimension « genre »**.

C'est parce que les MGF sont traitées comme **« une affaire de femmes »** qu'elles sont cantonnées dans l'intime, le privé, car la sphère privée (le foyer, l'intimité du couple) est traditionnellement dévolu à la femme. Cela contribue à renforcer l'isolement des femmes de la sphère décisionnelle, publique que le système patriarcal s'évertue à séparer de la sphère privée. Les études féministes ont pourtant démontré, dans la théorie et dans l'action, que **le privé n'est pas à l'abri du regard et du discours public**, et cette séparation a de plus en plus de mal à tenir, surtout sur le plan juridique – ouvrant vers la citoyenneté.

Les MGF ne sont d'ailleurs pas seulement traitées comme une affaire de femme, intime et privée, mais aussi comme **« une affaire d'adultes »** **appliquée aux jeunes (filles)** dont sont traditionnellement **écartés les jeunes** (filles et garçons). En contre-pied, en faisant des MGF **« une affaire de genre »**, une affaire publique (dans le sens où le privé doit pouvoir se faire une place dans le public) et **« une affaire intergénérationnelle »,** l'approche implique la force, la créativité et l'énergie des jeunes dans la promotion des initiatives pour que soient abandonnées les MGF.

Usages genrés de TIC

Les **jeunes garçons jouent** plus volontiers avec ces nouveaux « jouets » que sont les applications de TIC et plongent à pleine brassée dans le **ludique**, au contraire des **filles**, du fait d'une éducation de genre qui leur donne de la technique une **image « repoussante »**, leur réservant la place de **« petites mains » et de consommatrices/ utilisatrices, mais jamais de « conceptrices »** (ENDA, 2005). Pour que les TIC soient stratégiquement utilisées à des fins citoyennes – non seulement pour la promotion de l'abandon des MGF, mais aussi pour la promotion de l'égalité et de la justice de genre –, il faudrait

renforcer une approche par le contenu des TIC, qui permettrait une meilleure appropriation/promotion du changement par les filles, et par les garçons.

Les filles sont prisonnières d'une situation de **double contrainte** qui **les accule au mutisme.** D'une part, leur socialisation de genre à la pudeur (honte, respect) leur interdit de parler en public de leur vécu personnel, intime (leur sexe, leur excision). D'autre part, elles perçoivent – et probablement souhaitent, en tout cas elles le disent – participer publiquement, en tant que citoyennes, sur ce sujet, mais doivent le faire dans un contexte (y compris au travers des TIC citoyennes) qui n'a pas été formaté, du fait qu'elles en sont exclues, à l'aune de leurs besoins et capacités. Ce *double bind*[4], caractéristique de systèmes de communication pathologiques, les positionne dans une situation de « **victimes émissaires** », qui incarnent les **défauts du système de communication** communautaire et/ou citoyen, en présentiel et en virtuel.

La double contrainte étant une situation **insoluble directement**, sa résolution passe par un **changement de niveau ou d'échelle**. Par exemple communiquer l'absurde de la situation peut être une façon de dépasser cette situation. C'est la **créativité, l'humour, ou tout ce qui permet la spontanéité** qui est le mode de résolution recommandé et proposé aux personnes qui doivent y faire face, car cela crée nécessairement un espace de possibilité, d'autant plus investi que le besoin est grand. Pour sortir de ce mécanisme il faut donc identifier des repères stables (des évidences qui sont extérieures à l'impossibilité) et **communiquer sur la communication** (*métacommunication*), pour déconstruire le discours, la déconstruction n'étant ni une méthode, ni un système philosophique, mais **une pratique**[5]. De ce fait, certaines formes d'expression (théâtre, dessins, poésie, rap) et certaines applications – plus confidentielles – leur seraient peut-être aussi mieux adaptées (service d'alerte, conseil par téléphone, liste de discussion non mixte, chat dédié…). La question initialement évoquée par le projet TIC-MGF *« Quid de la tradition dans la modernité ? »* se transforme en fin de compte, en **« Quel usage des outils de communication publique pour traiter du « privé » ? »**

Planche 7 - Perception genrée de la citoyenneté : les dire des femmes

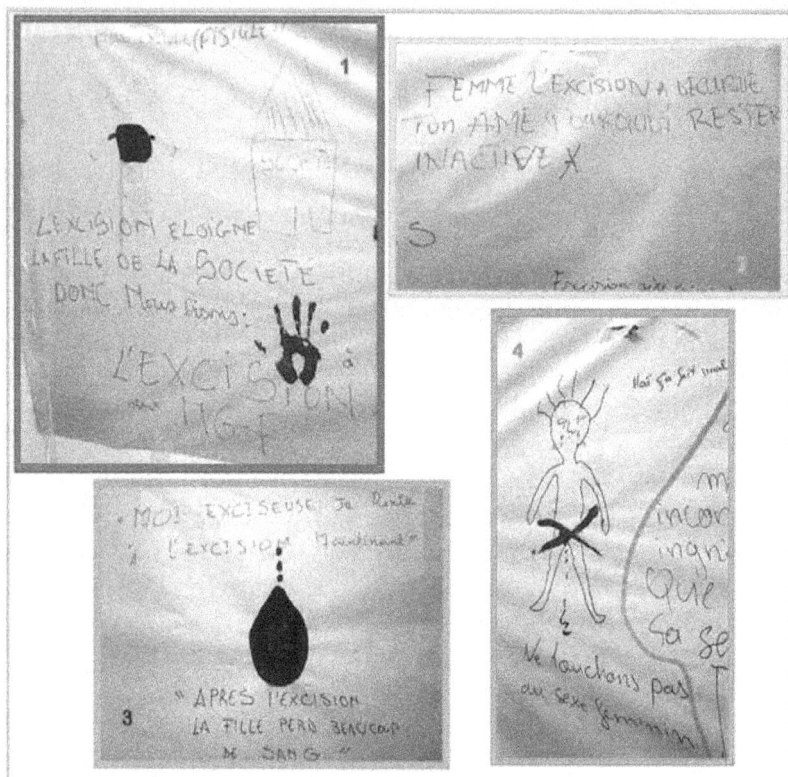

1— « Fille excisée, Fistules : L'excision **éloigne la fille de la société**, donc Nous Disons : halte à l'excision et aux MGF »

2— « Femmes, **l'excision a décousu(e) ton âme. Pourquoi rester inactive** ? Excision, acte **criminel** »
« Haï **ça fait mal**. Ne touchons pas au sexe féminin »

3— « Moi, exciseuse, je renie à l'excision Maintenant - « Après l'excision, la fille perd beaucoup de sang »

4— « Haï **ça fait mal**. Ne touchons pas au sexe féminin »

Perceptions du genre différenciées selon les sexes

Dans leur immense majorité, les jeunes – filles et garçons – ont démontré leur volonté d'**en finir avec l'excision**. Tou-tes sont d'accord pour dire qu'elle est dangereuse et douloureuse, mais les échanges révèlent que **les filles, en tant que « victimes », sauraient mieux expliquer pourquoi que les garçons, alors que les garçons pensent qu'ils sont plus efficaces, en tant qu'« acteurs »**. Dans tous les cas, la confrontation des filles et des garçons, en groupes tourne facilement à l'antagonisme. Les manifestations d'émulation/ jeu/joute et/ou de rivalité/guerre ne sont pas rares, y compris sous le signe de la plaisanterie[6], voire parfois du découragement. Les garçons disent que les filles restent un mystère alors que les filles considèrent qu'il est difficile d'agir avec les garçons. La mise en œuvre de la recherche a révélé combien il est **difficile de mettre en œuvre une réelle politique de genre** : même le principe de **parité acquis et respecté** ne suffit pas à **assurer l'expression, la communication, la collaboration et la complémentarité entre les genres**.

Les **filles,** excisées ou pas, se sentent concernées par les MGF avant tout en tant qu'**êtres souffrants, femmes et mères**, et se représentent comme **victimes**, mais désireuses **d'échapper** à une pratique qui ne leur semble plus inéluctable. Cela les pousse à se réfugier **seules, ou entre elles, autour de leur « intime »** (sphère privée) qui reste **tabou et invisibilisé socialement** (sphère publique). La seule façon qu'elles ont alors de **faire le lien incontournable entre la sphère privée** – la « gestion » de leur sexe féminin – **et la sphère publique** – qui leur est socialement inaccessible – est de se positionner en **assistées**, d'où les appels à l'aide à qui voudra bien les entendre. Elles passent, pour cela, par les biais du « **sanitaire** », couplé à l'expression du besoin de soulager leur **souffrance,** et du « **culturel**, » en exprimant leur peur de rester sans mari, stériles (*Voir Planches 6 et 7*). En aucun cas, elles **ne veulent/peuvent** (sauf exception explicable par des facteurs individuels[7]) **parler publiquement du sujet** – elles privilégient d'autres moyens d'expression comme l'écriture, le dessin, la poésie, le théâtre, les cercles intimes… – déléguant aux « Autres » – les non excisées, les garçons, les institutions, les adultes… – la prise en charge publique de la question. Y compris dans leur action pour l'abandon des MGF, **les filles/femmes continuent de jouer leur rôle social de subordonnées.** Comme toutes les femmes victimes de violences, elles sont **renvoyées à des culpabilités qu'elles ont assimilées comme les leurs** et **se retrouvent blâmées – notamment par leurs camarades masculins – de leur incapacité à dépasser leur statut de victime dépendante pour devenir des actrices citoyennes,** comme si elles étaient des irresponsables/incapables alors que c'est leur statut social de genre qui leur confère cette irresponsabilité/incapacité.

Les **garçons,** installés dans la sphère publique qui leur est socialement allouée, se situent comme **citoyens/acteurs concernés par les risques encourus par leurs sœurs, filles et mères,** qu'ils désignent bien comme **les leurs,** sous-entendu **leur propriété, leur patrimoine, leur héritage « naturel », à protéger.** Ils se sentent injustement **plus actifs que les filles** dans la quête de **l'égalité des genres,** sans chercher davantage à interroger ce constat ou le rôle qu'ils y jouent. De fait, ils se positionnent comme **meilleurs,** introduisant une **hiérarchie femmes/hommes** dans l'exercice de la citoyenneté, comme dans l'usage des TIC, légitimant cette supériorité comme une **nécessité pour la société.** Ils **reproduisent et revendiquent la reproduction du système de leurs « aîné-es »,** comme un devoir, une règle, qu'il n'est pas **question de remettre en cause.**

Pourtant, ils ne sont pas concernés par les questions de genre uniquement par simple solidarité avec les femmes. A leur niveau, les garçons, et plus généralement les hommes, vivent des situations, des rôles – notamment de « chef » de famille, de clan, de lignée... –, des attentes, des besoins, des expériences de genre, qui leur sont propres, et pas forcément faciles à vivre. Même s'ils restent inconscients ou volontairement refoulés pour masquer l'évidence de la **division de sexe** dans les sociétés, ces « vécus » entraînent le genre masculin vers un **leurre** – celui du pouvoir, de pouvoir contrôler – qu'il n'est pas prêt de déconstruire (Demers, 2003). **Y compris dans leur action sur l'excision, les garçons/hommes continuent de jouer leur rôle social.**

Un virilisme[8] mis à l'épreuve

En fin d'évaluation du projet, on a pu observer un « surprenant » **revirement de pensée chez les jeunes garçons**. Après avoir, durant toute la recherche, avancé des idées citoyennes et égalitaires tout à fait conformistes[9], ils sont revenus tout à coup en force pour cautionner des hiérarchies (fondées sur l'aînesse, le genre, le droits *vs* les devoirs) et valoriser les valeurs de « mérite », de « domination », comme primant le principe de l'égalité.

En termes de recherche, ce « revirement » est facilement explicable par l'évolution de la **dynamique de groupe**, de fait essentiellement **masculine,** étant donné l'absence de participation des filles[10], qui a engendré de façon endogène une **auto-émulation** entre les jeunes garçons. Cette **réactivation de la certitude virile des jeunes hommes d'être dans leur bon droit social** est probablement due à la peur inconsciente de se laisser emporter un peu trop loin dans les rapports potentiels d'égalité... Plusieurs jeunes garçons ont en effet abordé la question de **domination** – pendant le Symposium et par la suite dans les ateliers méthodologique et de consolidation – par le postulat : « *Si les hommes ne dominent plus, forcément, ce sont les femmes qui vont dominer* ».

De fait, il n'y a pas et **il n'y a jamais eu de la part des garçons un imaginaire de l'égalité, encore moins de la liberté.** Les pressions socioculturelles se révèlent encore très prégnantes dans le propre langage des jeunes, ce qui n'est pas surprenant.

Sur le fond, l'accomplissement de l'égalité entre les hommes et les femmes, qu'implique l'abandon des MGF, fait davantage peur aux jeunes garçons qu'aux jeunes filles – plusieurs réactions, certes rares, de jeunes filles en attestent –, car pour les premiers il y a **enjeu de pouvoir** et remise en cause de leur rôle social de « dominant à vie » (ce à quoi ils ne semblent pas prêts) et pour les deuxièmes il y a au contraire **enjeu de libération**, par rapport à une position de subordination.

Le processus engagé par la recherche a confirmé cette **réalité ambivalente** inconsciente/invisible mais **socialement ancrée**. Tout processus de changement connaît ses pics et ses creux, ses phases de conscientisation et celles de régression voire de forclusion, individuelles ou collectives. Cela nécessite de concevoir des stratégies d'intervention à long terme, sur la promotion de l'égalité de genre, y compris en ce qui concerne les MGF, les TIC, la citoyenneté, nourrie de formations, de sensibilisation, de vulgarisation afin de **soutenir une dynamique présente**, à **alimenter inlassablement** par des remises en question d'ordre psychologique et/ou comportementale, des mises en situation par l'absurde (mise en contradiction entre le discours officiel/populaire et le discours politique) et des pistes de réflexion **récursives**.

Notes

1. Entre autres : les deux éditions du concours « Stop Vacances Excision » (2007 et 2008), à Bobo Dioulasso, qui a inspiré le concours ouest africain « Excision : jouez et gagnez » organisé sur le site web Lesjeuneschangentlafrique.org, pour diffuser les résultats du projet dans le grand public et le projet Tostan d'alphabétisation numérique pour les femmes, « SMS Texting ».

2. Reconnaissance impossible si l'on envisage les MGF comme seule *« histoire de femmes »*.

3. La notion de **vie privée** suppose la notion d'être humain/personne et implique la liberté reconnue d'être doué-e d'un espace privé distinct, à soi, et qui mérite respect et protection : une certaine partie de la vie d'une personne peut rester confidentielle et n'appartenir qu'à elle, ne relever que de ses choix personnels qui n'ont pas à être connus et communiqués à l'extérieur de sa sphère privée.

4. La double contrainte (*double bind*) exprime deux contraintes (explicites ou implicites) qui s'opposent : l'obligation de chacune contenant une interdiction de l'autre, ce qui rend la situation a priori insoluble. Le dédoublement de la personnalité (la schizophrénie) est à la fois un mécanisme de défense pour faire face à un contexte d'impossibilité, et un ultime moyen de maintenir la cohésion du groupe en tentant d'assumer l'incohérence du contexte. http://fr.wikipedia.org/wiki/Double_contrainte.

5. Id.

6. Notamment des relations de parenté plaisantante, mais aussi de *battle* (scènes de rap où les groupes s'affrontent et ou tous les « coups » sont permis).

7. Par exemple, cas de fille née dans un couple « mixte » par rapport à la pratique de l'excision : la mère venant d'une ethnie non excisante a accepté, contre son gré, que sa fille soit excisée en tribut (gage) à sa belle famille excisante. La fille sait pouvoir s'appuyer – dans le cadre offert par le projet – sur une perception de sa condition d'excisée autre que celle présentée par sa famille paternelle.

8. Virilisme : exacerbation des attitudes, représentations et pratiques viriles.

9. C'est-à-dire : conforme à l'éducation reçue à l'école et conforme à ce qu'ils pensaient que le projet attendait d'eux.

10. Absence non en termes de présence mais de contenus.

Conclusions et recommandations

L e projet TIC-MGF a constitué une **initiative visionnaire et révélatrice** qui a mis en évidence **(1) l'enjeu politique de la promotion de l'abandon de l'excision** comme révélateur des **rapports sociaux de genre** ; **(2) le savoir-faire des jeunes et de leurs associations** comme source d'enrichissement de **la recherche en développement humain durable** au stade de la **société numérique** globale ; et **(3)** la nécessité des **mécanismes de renforcement et de pérennisation des capacités personnelles, associatives et institutionnelles.** Il a révélé une **vision holistique** des différentes problématiques interconnectées dans et par **la société de l'information.** En optant pour la transversalité et le mode participatif que les TIC permettent, le projet a permis de **mettre en oeuvre et renforcer** une pratique citoyenne directe, qui a elle-même grandement enrichi le processus de recherche. Cette **approche souple et stimulante,** misant sur la **confiance faite aux jeunes,** en leur **attribuant les rôles principaux du changement** citoyen, s'est avérée **largement efficace et productive** d'une réelle **prise de conscience,** d'un fort **désir d'engagement,** en même temps que la mise en relief des lacunes et faiblesses, obstacles et solutions, qu'il a fallu constamment prendre en charge à l'étape ultérieure.

Le projet, en mettant l'accent sur la nécessité de **décloisonner pour renouveler les démarches de recherche et dépasser les méthodes d'observation sclérosées,** a permis d'**approfondir l'analyse genrée de l'exercice de la citoyenneté.** Il a ouvert une nouvelle piste de recherche abordant de concert le public et l'intime, deux rôles sociaux conjoints des femmes, et posé les termes de l'articulation par laquelle elles relient sans cesse la **sphère privée et la sphère publique** afin d'assumer leurs fonctions sociales de **production/re-production.**

Les **méthodologies** mises en œuvre ont permis l'approfondissement des problématiques et des apprentissages. **La production endogène des contenus,** par les filles et par les garçons, séparément, collectivement, et en face à face, a ouvert sur **l'apprentissage du débat, des processus, de la réflexion, de l'analyse critique et réflexive, de la transversalité** – nécessitant le **renouvellement,** la **ré-interrogation,** la **mise en perspectives,** indispensables à l'évolution des approches de l'humain, des pensées et des constructions sociales – et a engagé une **prise de conscience citoyenne** qui reste à pérenniser.

Cette **promotion de la transversalité et de la transdisciplinarité,** à tous les niveaux d'intervention (recherche fondamentale, opérationnelle et communautaire, politiques, interventions et programmes, actions de terrain) a permis de décloisonner les savoirs et les concepts, les méthodes et les processus, de créer des liens entre les problématiques, les acteur-es, et les espaces. Elle a en cela ouvert de **nouvelles perspectives stratégiques, enracinées** dans le **local** (les collectifs des jeunes), à partir desquelles un vaste **réseau communautaire citoyen et sous-régional** pourrait s'étendre aux autres contrées excisantes, engagées dans la promotion de l'abandon des MGF. Elle demeure, dans un **contexte de mondialisation** (y compris de la pratique des MGF), une **bonne pratique à emprunter dans le domaine de la recherche pour le développement,** en particulier dans le contexte communautaire de la sous-région d'Afrique francophone de l'ouest.

Dans le cadre de ce projet, la recherche et l'action ont été conçues non comme un **processus linéaire mais en spirale et transversal.** Cette approche permet une **plus forte conscientisation en termes de genre mais aussi de citoyenneté.**

La **créativité** des acteur-es ayant été stimulée, en dehors des processus normalisés de production de savoir institutionnel, a permis d'**approfondir la perception des concepts.** Elle **reste à décliner plus profondément en termes de genre.** En effet, même si le projet a suscité la **ré-interrogation, avec une perspective de genre, de la citoyenneté,** de ses présupposés marqués par le genre masculin, il reste à approfondir la **prégnance des valeurs virilistes** et à questionner la **capacité des TIC à permettre l'expression des femmes,** et plus globalement du privé - pour les femmes comme pour les hommes.

Dans le contexte traditionnel de l'éducation en Afrique, le fait de **placer les jeunes** dans une **dynamique** de **force créative** (de contenus) **et innovante** (à soutenir par la formation) les a **déplacés** vers une situation de **transition,** tout en gardant l'équilibre entre **tradition et modernité.** Les jeunes se sont retrouvés eux-mêmes **sujets d'enjeux,** convaincu-es qu'il/elles sont de leur **capacité à dire et à agir,** mais soucieux-ses de **rester de « bons enfants polis »,** face à des **aîné-es,** pourtant méfiant-es mais prêt-es à les soutenir, à les associer, et à les guider. Cette mise en situation a permis de révéler le **positionnement paternaliste,** tant individuel qu'institutionnel, desdit-es aîné-es, révélant parallèlement leur tendance à **manquer de confiance dans les jeunes et leur besoin/exigence de les contrôler.** Le parti pris de la **parité** systématique, à tous les niveaux, a permis de souligner la **nécessaire transversalité de genre,** qui **demande à être approfondie par des formations adaptées.** Dans tous les cas, la **démarche participative et collaborative en binôme** (fille-garçon), brisant la hiérarchie générationnelle, sexuelle ou sociale et permettant aux jeunes de trouver la voie de leur expression, a autorisé la mise en débat des problématiques et l'appropriation du processus.

Encadré 13 - Le projet, facteur de changement

« Le projet a servi **d'aubaine** pour moi, de vivre une expérience dans la recherche qualitative (abordée souvent dans mon domaine en théorie) » *(O.T., 30 ans, encadreur, garçon, BF)*

« Franchement seul ceux qui sont dans ma communauté sauront témoigner de mon changement, grâce a ce projet TIC-MGF. Depuis que j'ai connu ce projet ma vie a été innovateur, c'est comme s'il y avait quelqu'un qui a intérieur de moi travaillait à ma place. Même en classe mes professeurs me demandent si je fais de la politique, comment j'ai fait pour comprendre le français, et comment je fais pour être dans la sphère publique? **Je dirai que je suis devenue prestigieuse sans le vouloir.** Tout ça je vous le dois. » *(W.T, 21 ans, fille, BF)*

(ENDA, 2008g)

99

Enfin, la **mise en vécu concrète** des concepts abordés dans la recherche (genre, citoyenneté, TIC, jeunesse, MGF), selon des modalités inédites (expression libre, ludique, débat, participation active, auto-apprentissage, auto-évaluation, formation de formateur-trices) et dans des formats appropriables par les jeunes (théâtre, multimédia, interactivité, jeux de rôles…), s'est avérée particulièrement **pertinente pour l'un et l'autre genre** (*Voir Encadré 7*). De fait, la recherche a démontré la pertinence des TIC pour le développement en général et la problématique des MGF, notamment en relation avec le recentrage des jeunes au coeur des débats.

Reste à **convaincre les chercheur-es, les autorités, les décideur-es, de l'importance de leur appui politique** et à construire avec eux des partenariats solides. En effet, la recherche a amplement mis en évidence que les **enjeux stratégiques des TIC pour l'égalité de genre et l'action citoyenne** sont amplement **ignorés**, tant du point de vue des agences d'intervention et de recherche que des bénéficiaires des interventions que sont les jeunes – et leurs encadreur-es - et les communautés. Ce constat n'est certes pas nouveau. Aussi, la **nécessité de formation** des personnels, des bénéficiaires, à l'analyse transdisciplinaire, conceptuelle, réflexive et critique, de l'investissement dans les méthodologies participatives et collaboratives, s'avère criante. Elle demande toutefois une **ligne budgétaire spécifique**. Ces investissements institutionnels (en énergie, en politique, en formation, en vision, en financement) devraient **questionner**, notamment, les principes et **les moyens de la participation et de l'accompagnement des femmes**, dans des formats qui leur sont propres, **et la capacité des institutions à y répondre**.

Politiser le concept de citoyenneté en Afrique de l'ouest francophone

La question qui se pose est d'éclairer **en quoi** la citoyenneté telle qu'elle est prescrite et perçue dans les sociétés d'Afrique de l'ouest francophone, sous forte domination masculine, est fondamentalement empreinte de rapports inégalitaires entre les générations et plus largement entre les genres. Et de chercher quels nouveaux modes de gouvernance mettre en oeuvre, notamment via les TIC, pour une réelle créativité en matière de changement social.

Reconnaître un nouveau paradigme du développement

L'Afrique de l'ouest francophone est maintenant **bien installée** dans l'ère numérique, tant en milieu urbain que rural. Les conséquences en sont reconnues et étudiées dans les domaines de la *e-économie*, du commerce électronique, de la formation à distance, etc. Mais il est confondant de voir à quel point des pans entiers des enjeux de société – en particulier ceux qui concernent les femmes, le domestique, le privé (et les MGF en sont une bonne illustration) – **sont considérés, à tort, comme n'ayant rien à voir avec les TIC** et la forme de société qu'elles ont façonnée, dite **société de l'information**. De fait, les TIC représentent un **enjeu majeur de développement humain, durable et citoyen**, notamment dans la période actuelle historiquement unique où le contexte socioéconomique mondial est désormais marqué par le libéralisme. Il y a donc urgence à **y mettre en lumière les enjeux liés à la vie privée, la place qu'y occupent les femmes et les relations humaines**, aujourd'hui absents.

Par ailleurs, les TIC regroupant une vaste famille d'outils, de réseaux, de logiciels, de services, d'activités, marquées par leur caractère d'intégration et de convergence, stratégiques dans les domaines humain, social, économique et politique, il est important de **décrire leur impact** – non en termes d'usages, mais **de changement,** sous des formats **prospectifs, novateurs**, comme les jeunes l'ont dessinée dans l'image présentée *Planche 8*. Il s'agit donc moins de voir « à quoi les TIC pourraient servir » que de voir **« ce que les TIC apportent de nouveau, changent, et politisent ».** Persister à considérer les TIC comme de « simples » moyens de communication, consiste à **passer à coté de leur enjeu réel** et se **condamner à répéter/consolider** des visions, des processus et des stratégies obsolètes qui n'ont pas fait leur preuve en termes d'efficacité et de changement social et qui oblitèrent le potentiel de changement de la société de l'information citoyenne médiatisée par les TIC.

Planche 8 - Le paradigme transdisciplinaire de la société de la connaissance

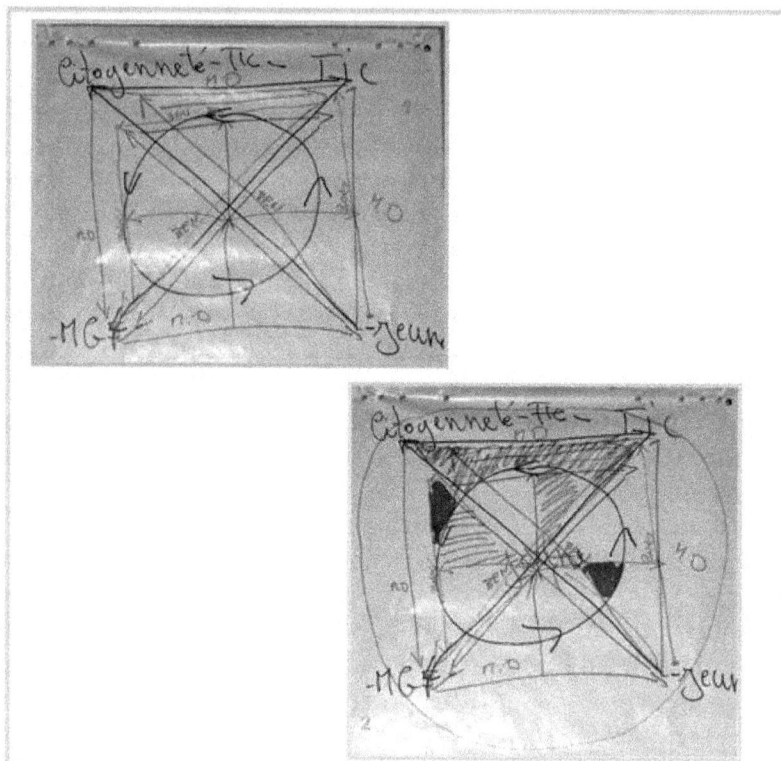

1— Dans la société post-moderne de la connaissance **à laquelle participent déjà les communautés d'Afrique**, toutes les disciplines sont inter reliées, on ne peut pas les penser séparément, et l'action doit procéder une réflexion globale.

2— Le **morcellement du réel** sur lequel se fondent les méthodes classiques (positives) d'intervention, qui cloisonnent le champ social en disciplines isolées les unes des autres, ne permettent pas de voir – ni d'agir efficacement – transversalement.

Questionner les problématiques de genre, de générations et de citoyenneté et définir des politiques intergénérationnelles de genre

Dans cette perspective, les TIC permettent de **re-questionner les problématiques fondamentales du développement** : celles qui portent sur les personnes et les groupes, sur la citoyenneté. L'entrée dans la société de l'information ne permet plus de continuer à faire l'impasse sur les analyses de genre, son exercice (en droits et en devoirs), et la place qu'y occupent les jeunes. Il est surprenant de constater combien **peu de contenus de savoir est réellement produit sur et par les jeunes comme acteur-es centraux-les de la société de l'information** – au-delà des rôles de « technicien-nes de surface »[1] et « bon-nes consommateur-trices » que le projet a rencontrés. Il n'existe pas de **projet éducatif**, à la hauteur de ce qu'il devrait être, c'est-à-dire **au moins d'ampleur sous-régionale, visant à permettre aux jeunes d'être des acteur-es** conscient-es d'une citoyenneté active – par exemple dans le domaine des MGF. **L'interrelation entre les perspectives de genre et les rôles de jeunes, comme facteurs mutuels et interdépendants de changement,** sont très embryonnaires : il reste là un vaste champ de recherche, d'actions et d'appropriation qu'il est urgent d'explorer.

Agir/chercher sur les stratégies multiples de développement collectif et personnel

Réviser, à partir des enjeux des TIC comme espoir de développement humain durable en Afrique francophone, les problématiques et stratégies d'intervention est, de plus, **une option gagnante**, car **les TIC autorisent une diversité de réalités : jouer, s'informer, débattre, s'organiser collectivement et apprendre.** Cette multiplicité offre de plus l'avantage de coupler développement collectif et personnel. Les organismes de recherche et d'action auraient intérêt à **associer les jeunes comme ressources-clé** dans leur processus, car ils sont aux premières loges pour innover avec les TIC, étant né-es dans la société de l'information.

Faire de la parité de genre un préalable

Mais pour cela, il est indispensable de faire de la **parité de genre un préalable systématique**, tant dans les institutions, que dans la **démarche quotidienne** des acteur-es. Ce n'est qu'a cette condition que **(1)** le genre féminin pourra participer et que **(2)** pourra émerger le fait indéniable qu'il existe deux genres humains, le genre masculin ayant tendance, en toute bonne foi, à s'arroger le droit de parler « pour les femmes » sans même se douter qu'il parle « en tant qu'homme » « pour les femmes », ce qui constitue un biais *a priori* contre-productif majeur en termes de citoyenneté.

Agir et chercher sur la prégnance spécifique du virilisme

Simultanément, il est indispensable de mener en Afrique de l'ouest francophone des **recherches fondamentales mais endogènes, et structurellement participatives**, sur le curieux aveuglement des hommes/garçons aux questions de genre, et leurs conséquences dans la transmission intergénérationnelle des valeurs patriarcales.

Agir et chercher sur les perceptions genrées de la gouvernance citoyenne

La recherche a constaté que le blocage des relations équitables de genre vient de ce que les filles ne s'expriment **pas en public et peu sur le public**, en particulier quand il s'agit de questions perçues comme étant « de femmes », alors que les garçons ne sont que trop enclins à **prendre les commandes et la parole** pour défendre « **leurs** femmes » (sœurs et filles) sans se rendre compte que, ce faisant, s'ils servent l'ordre partriarcal, ils se desservent eux-mêmes, en tant que genre masculin. Il est donc indispensable de chercher, tester et appliquer – y compris avec les TIC – des **nouveaux canaux de communication mixtes et non mixtes**, qui permettront de « **débloquer** » le discours spécifique aux genres, et – *surtout* – de leur accorder la même légitimité.

Pousser la créativité/recherche en matière de construction pour les filles/femmes et les garçons/hommes d'espaces d'expression publique de l'intime

La polysémie de l'intime – qui se rattache au psychisme, à l'essence, au personnel, au profond, à l'original, au secret, au domestique, à la pudeur, à l'affectif, à la sexualité, à l'existence, à l'être – explique aisément les réticences à le voir interagir avec le domaine public. Il y a ici **un vaste domaine de recherche, d'expérimentation, de conscientisation, de vulgarisation d'action et de développement** qui n'a été que trop ignoré des politiques et stratégies de développement et qui ne viennent que renforcer la division entre sphères privée et publique.

Budgéter et investir en conséquence

Chacune des quatre catégories d'acteur-es impliqué-es par la recherche est concernée. Bien évidemment, les **institutions de coopération à la recherche** auraient tout à gagner à orienter leurs stratégies de soutien à la recherche vers davantage de concertations participatives, transdisciplinaires et innovantes, de soutien à la mise en lumière des inégalités de genres. Elles devraient s'inquiéter de la marginalisation de la place faite aux jeunes adultes comme acteur-es du développement, ajoutée à la perpétuation des stéréotypes de genre. Elles doivent donc budgéter et investir en conséquence, avec une vision sensible au genre, en termes de financement, de ressources humaines, de politique de formation.

Sur les mêmes questions, les **institutions de recherche-action-formation** pourraient s'engager – et donc budgéter et investir en conséquence – dans des actions de recherche participative, se former aux nouvelles méthodologies d'observation et d'investigation, et à la description du nouveau paradigme de développement induit par la généralisation de la « virtualisation »[2] des rapports politiques, humains, citoyens et de genre. Les **acteur-es communautaires et locaux-les**, les jeunes et leurs aîné-es, devraient investir le champ de l'autonomie en se libérant d'une attitude attentiste et oser s'engager, à leur niveau, dans le concret quotidien, afin de transformer les obstacles en atouts, et donc **créer** des projets, des **budgets et des investissements** – en termes de formation, d'action et de réseautage – avec l'appui de leurs partenaires de terrain, locaux et sous-régionaux.

Le risque existe que l'un-e ou l'autre des partenaires, se contente de ne s'intéresser dans le nouveau paradigme de développement décrit ici qu'à ce qui concerne directement et strictement les objectifs propres qu'il s'est reconnu. C'est pourquoi il est important d'insister sur le fait que toute tentative **de ne travailler que** sur des zones d'intersection (par exemple entre MGF et jeunes, avec « un bout » de citoyenneté – zones représentées *Planche 8*) et non de façon holistique et endogène ne peut qu'être vouée à l'échec.

Rendre visible l'invisible, dans les relations de genre, intergénérationnelles et transnationales
Produire des contenus de savoir
La recherche a mis en relief à quel point le **savoir sur les MGF est standardisé et peu renouvelé, inadapté, en contenus et en formats**, aux besoins de **ceux et celles qui en auraient principalement besoin : les jeunes**. Il est important, et c'est là un champ de recherche, d'action et de formation en jachère, que – par des méthodologies spécifiques (participatives et/ou non mixtes) – **les jeunes (filles et garçons, ensemble et séparément)** témoignent de leurs vécus, autrement dit, **produisent des contenus de savoir** propres à soutenir leur fort désir d'abandon des MGF. Cela implique que les contenus produits sur les MGF puissent **révéler/rendre compte des inégalités de genre** sur lesquelles elles sont basées, interprétées **dans le contexte actuel qui est celui des TIC**, ainsi qu'à **l'échelle** nouvelle qu'elles induisent, débordant le cadre communautaire pour s'épanouir dans les contextes socioculturels similaires, notamment sous-régionaux.

Impliquer les jeunes au cœur des actions
La recherche a montré combien les jeunes étaient enthousiastes, productif-ves, sensé-es, lucides, avides d'apprendre et désireux-ses d'agir pour le bien de leurs communautés. Les laisser délibérément et « traditionnellement » à l'écart des débats qui traversent les sociétés revient à se priver d'une richesse intellectuelle incontestable et à cloisonner les espaces générationnel d'une part mais surtout social et politique d'autre part. Il devient donc urgent et impératif d'impliquer les jeunes, filles et garçons, au cœur des actions.

Associer les jeunes, les porteur-es de programmes, les décideur-es, et la sphère publique

Ainsi, les figures d'autorité – personnes et institutions – devraient faire davantage confiance aux capacités d'action **des jeunes, pour les associer, aux cotés des porteurs de programme et des décideur-es public-ques**, à la conception, la formulation, l'étude, la planification, la mise en œuvre, le contrôle et l'évaluation des politiques et des stratégies. Il s'agit ici de **recentrer le rôle de contrôle dévolu à l'Autorité sur celui de guide** et de s'enrichir des réflexions d'un pan de population qui, en toute logique, ne peut – et ne veut – reproduire les schémas de ses aîné-es, sous peine de renoncer à sa propre identité, et, par voie de conséquence, à l'exercice de ses droits de citoyen-ne.

Agir/chercher sur les rapports entre les contenants et contenus de TIC

Alors qu'il s'agit d'œuvrer pour l'abandon des MGF, ne serait-il pas important de mener des recherches – et surtout des recherches-actions-formations – afin de dégager une compréhension théorique un peu plus poussée sur les **rapports entre les contenants et contenus de TIC** ? Et en particulier sur les usages politiques des TIC, qui passent par la production et la publication de contenus et non par la consommation de masse et indifférenciée livrée par la société de l'information ? Car force est de constater que **l'amalgame** entretenu entre les contenants (les applications) et contenus (mise en lumière des initiatives pour le changement), auprès de tou-tes les acteur-es, se traduit par l'occultation, la mise en **invisibilité** des initiatives, expériences, témoignages, analyses... relatifs aux développement et au changement.

Vulgariser l'enjeu des MGF comme révélateur des politiques de genres

En outre, la recherche a montré que les **contenants ne sont pas neutres en termes de genre**, en particulier quand il s'agit d'utiliser les TIC. Il est aujourd'hui indispensable que les **usages des TIC par les jeunes** des deux genres, dans le contexte de l'Afrique francophone de l'ouest, **révèlent des caractéristiques sous-régionales des rapports politiques de genre** en œuvre dans les communautés, dans les institutions. Cette approche représenterait par ailleurs une réelle **innovation**.

Agir/chercher sur les mécanismes sociaux de transmission des stéréotypes de genre

Plus largement, il serait pertinent d'engager des recherches et des actions sur les **mécanismes sociaux de transmission des stéréotypes de genre** dans les communautés africaines, y compris par et dans les TIC. Rendre visible les diversités de genre (féminin ET masculin), et les mécanismes de transmission des valeurs de genre (victimisation et virilisme)

Par-delà le simple inventaire, l'enjeu serait de **rendre visibles les réalités et les diversités de genre** (tant le genre masculin que le genre féminin) et les **systèmes qui véhiculent les inégalités de genre,** notamment au travers de l'analyse de la **victimisation et du virilisme,** et des relations que ces deux modèles entretiennent.

Agir, chercher, rendre visible, transmettre, diffuser et renforcer les capacités sur les liens politiques et stratégiques entre jeunes (hommes et femmes), genre (masculin et féminin) et citoyenneté, dans et via la société de l'information

La réalisation de la recherche a attesté que **les problématiques de jeunes, de genre et de citoyenneté sont inséparables, dans et à cause de la société de l'information.** Pourtant l'appréhension théorique et pratique de cette évidence a du mal à se faire chez la plupart des acteur-es (les jeunes et les aîné-es, dans les institutions publiques et dans le domaine privé). Ne serait-il pas alors incontournable et urgent de mener des recherches, actions et formations pour rendre visible et communiquer, pour agir et former les acteur-es à ce qui est quotidiennement occulté ? De la même façon, n'est-il pas temps d'analyser les développements de la société de l'information sous l'angle du paradigme décrit plus haut, plutôt que sous celui de sa consommation passive non critique ?

Budgéter et investir en conséquence

Chacun-e des acteur-es est concerné-e par ce défi. Les **institutions de recherche et de coopération,** parce que leur mandat implique la promotion de l'égalité de genre et le souci d'un avenir équilibré pour les générations futures. Les **organisations de recherche-action-formation,** parce qu'elles doivent, après cinquante années d'interventions pour le développement, re-questionner leurs approches en conformité avec l'évolution du contexte régional et mondialisé. Les **acteur-es locaux-les, jeunes et ainé-es, et les organisations et partenaires** qui les soutiennent, si ils/elles veulent, en définitive, gagner à l'insertion des communautés qui sont les leurs et si elles veulent les préserver dans une société mondiale accélérée par les TIC. Cela implique que chacune des catégories **budgétise et investisse** en conséquence dans les processus de recherche, de formation et d'action pour transformer le consumérisme – quand la consommation de biens revêt une importance capitale – subi et souvent inconscient, en force de proposition et de changement citoyen.

Renforcer les capacités en matière de genre et citoyenneté
Apprendre, se former par l'action
Les problématiques les plus centrales abordées par la recherche – le genre et la citoyenneté – sont celles qui ont le plus de mal à être appropriées : ne serait-il pas temps de se former, **d'apprendre par l'action**, plutôt que par l'acharnement théorique, pour enfin **toucher au cœur du développement** ?

Engager des partenariats publics
Cela impliquerait d'engager des **partenariats publics et civils** avec les institutions éducatives, communautaires, décisionnelles, y compris dans le domaine budgétaire. Plus concrètement, il s'agirait d'interpeller et de mettre en œuvre des engagements spécifiques en direction notamment des ministères de l'Education et des Finances et du Budget, pour qu'ils déploient auprès de leurs structures internes, des moyens élargis de sensibilisation aux questions de genre et citoyenneté. Ces questions sont en effet les **piliers des politiques** qu'ils sont **en devoir** de mettre en œuvre, eu égard aux engagements pris par leurs gouvernements en matière d'utilisation de l'aide internationale au développement, de droits humains et d'égalité des genres à l'échelle internationale (telles que la Convention pour l'élimination de toutes formes de discrimination à l'égard des femmes, le Protocole de Maputo).

Renforcer les capacités de créativité des personnes, des associations et des institutions

Ces partenariats auraient donc le double effet d' « obliger » les pouvoirs publics à honorer leurs engagements mais aussi de **renforcer les capacités en créativité** des personnes, des associations, des communautés, des institutions, pour qu'elles puissent faire face aux nouveaux enjeux de la mondialisation, de la libéralisation de l'économie, de sa crise – financière et multiforme –, et des inégalités qu'elle génère (pénuries des ressources, paupérisation, destruction de l'environnement...). Il s'agit là d'un vaste champ d'expérimentation, **tout à fait nouveau pour la sous-région**, qui permettrait de franchir un saut qualitatif notable.

Se former aux perceptions genrées de la gouvernance citoyenne

Cet immense champ d'action, de recherche et de formation, axé sur la reconnaissance, la prise en compte et la valorisation des **perspectives genrées** des sociétés, contribuerait à donner un tour prometteur à **la gouvernance citoyenne**, bien au-delà des simples approches de e-gouvernement ou de e-administration auxquelles les nouveaux modes de gouvernance sont le plus souvent réduits.

Renforcer les capacités de genre des personnels et bénévoles de tou-tes les acteur-es du développement

Cette approche globale implique de renforcer les **capacités en matière d'analyse de genre** des personnels et bénévoles de tou-tes les acteur-es du développement, incluant y compris et surtout des démarches de formation de formateur-tices.

Budgéter et investir en conséquence

Cela nécessite, encore une fois, de budgéter et investir en conséquence, au niveau de chacune des catégories d'acteur-es ciblées par la recherche : les **institutions de recherche et de coopération** afin de renforcer et actualiser les capacités en recherche et en méthodologies de recherche des chercheur-es d'Afrique de l'ouest francophone ; les **institutions de recherche-action-formation** pour actualiser les visions, les capacités et les méthodes de leurs agents, du niveau de la conception à celui de la mise en œuvre ; les **acteur-es locaux-les, jeunes et aîné-es, leurs partenaires et réseaux, et les organisations qui les appuient,** pour qu'ils-elles se retrouvent en position d'intervenir réellement comme co-acteur-es de leur propre développement.

Réflexivité et politique : des pistes à poursuivre

Que peut apprendre le processus de recherche-action formation développé au cours du projet TIC-MGF aux acteur-es sociaux, notamment ceux qui se donnent pour mission de contribuer à l'évolution vers « le mieux »[3] des sociétés, la leur et celle des autres ?

Au titre des principales questions que le projet à soulevé et qui ont fait et font figure d'innovation en termes d'intervention sociale, on peut citer :

- l'évidence de la **subjectivité** et la nécessité de compter (prendre en compte) avec la **réflexivité** ;
- le **postulat du genre** (des genres) et de l'**intergénérationnel** comme point d'appui de la **critique des politiques sociales** ;
- la **critique conceptuelle du politique (public),** dans l'analyse de son lien **à la fois excluant et incluant** le **privé;**
- la remise en **lumière** de la notion de **personne** (et non *d'individu-e*) dans la problématique sociale, notion qui permettrait *de dépasser dialectiquement le concept des genres et de l'antagonisme public/privé.*

Autant de pistes à creuser, non seulement dans le champ de l'excision mais dans l'ensemble des analyses et interventions actuelles sur le social.

Notes

1. Quolibet par lequel les jeunes ont désigné ceux des leurs qui ont suivi la formation technique à la création de blog, durant le symposium.

2. Transformation des modalités du lien social de par leur médiatisation par les TIC.

3. Pouvant être décliné en termes de « progrès », de « développement », d' « éthique » ou de « sagesse »

Bibliographie

AFARD/AAWORD (1983), Association des Femmes Africaines pour la Recherche et le Développement : « A Statement on Genital Mutilation » in Miranda Davies (ed.) Third World : Second Sex, Women's Struggles and National Liberation. London : Zed Press, 1983, p.217, in : http://aflit.arts.uwa.edu.au/MGF4.html.

d'Almeida-Topor, Hélène, C.Coquery-Vidrovitch, O. Goerg, F. Guitart (1992) « Les jeunes en Afrique », Tome 1 : Evolution et rôle, (569 pages) tome 2 : *La politique et la ville*, (527 pages), Paris, l'Harmattan, 1992.

Anselmini, Julie (2004) : « Anatomie de la honte » , Sigilia http://www.fabula.org/revue/document875.php.

Assogba Yao (2007) : « Regard sur la jeunesse en Afrique subsaharienne », Presses de l'Université Laval, 168 p. http://www.pulaval.com/catalogue/regard-sur-jeunesse-afrique-subsaharienne-8987.html.

Baillette, Frédéric, et Liotard, Philippe et al. (1999) : « Sport et virilisme », Montpellier, Éditions Quasimodo, http://www.revue-quasimodo.org/PDFs/SV2-SportVirilismeIntro.pdf.

Ballmer-Cao, Thanh-Huyen et al. (2000) : « Genre et politique, débats et perspectives », Paris, Gallimard Folio, 542 p.

Bissot, Hugues et Mercier, Francine (s.d.) : « Excision et droit d'asile », http://www.dhdi.free.fr/recherches/etudesdiverses/articles/bissotmercier.htm.

Bourdieu, Pierre et Passeron, Jean-Claude (1970) : « La reproduction. Eléments pour une théorie du système d'enseignement » Paris, Editions de Minuit http://www.unige.ch/fapse/life/livres/alpha/B/Bourdieu_Passeron_1970_A.html.

Butler Judith (2005) : « Trouble dans le genre. Pour un féminisme de la subversion » , Paris, La Découverte.

Camara Sory (1992) : « Gens de la parole : essai sur la condition et le rôle des griots dans la société malinké » , Paris, Karthala, 376 p.

Collectif Litec (2007) : « La société au risque de la judiciarisation », Ed. Litec - JurisClasseur (LexisNexis), Paris, 150 p. http://www.eyrolles.com/ Droit/Livre/la-societe-au-risque-de-la-judiciarisation-9782711010196.

Deleuze Gilles (1986) : « Foucault », Paris, Editions de Minuit, 141 p.

Deleuze Gilles, Guattari Félix (1991) : « Qu'est ce que la philosophie ? » Paris, Editions de Minuit, 206 p.

Demers, Yannick (2003) : « Les hommes et le féminisme : intégrer la pensée féministe », http://sisyphe.org/spip.php?article695.

Dorlin Elsa (2008) : « Sexe, genre et sexualités », Paris, PUF, 153 p.

ENDA (2004) : « Citoyennes africaines de la société de l'information », Dakar, 89 p. http://www.famafrique.org/regentic/e-citoyennes.pdf.

ENDA (2005) : « Fracture numérique de genre en Afrique francophone : une inquiétante réalité », Dakar, 90 p. http://www.famafrique.org/ regentic/indifract/fracturenumeriquedegenre.pdf.

ENDA (2007a) : Projet TIC-MGF « Rapport de l'analyse documentaire des documents publiés en ligne, Dakar, 76 p. http://www.famafrique.org/tic-mgf/RapportFinalAnalyseDocumentaireProjetMGF-TIC.pdf.

ENDA (2007b) : Projet TIC-MGF : « Rapport de recherche de terrain au Sénégal », Dakar, 55 p. http://www.famafrique.org/tic-mgf/ espaceprive/RaprechSN.pdf.

ENDA (2007c) : Projet TIC-MGF : « Rapport de recherche de terrain au Mali », Dakar, 76 p. http://www.famafrique.org/tic-mgf/espaceprive/ RaprechML.pdf.

ENDA (2007d) : Projet TIC-MGF : « Rapport de recherche de terrain au Burkina-Faso », Dakar, 50 p. http://www.famafrique.org/tic-mgf/ espaceprive/RaprechBF.pdf.

ENDA (2007e) : Projet TIC-MGF : « Rapport final de l'Atelier méthodologique », Dakar, 12 p. http://www.famafrique.org/tic-mgf/ espaceprive/Rapport atelier methodologique.pdf.

ENDA (2007-2008) : Forum virtuel<MGF-TIC> : « TIC&MGF, jeunes et citoyenneté en Afrique » http://www.famafrique.org/tic-mgf/ introsforum.html.

ENDA (2008a) : Projet TIC-MGF : Rapport d'évaluation du forum virtuel<MGF-TIC> : « TIC&MGF, jeunes et citoyenneté en Afrique » (juin 2007 - février 2008), Dakar, 21 p. http ://www.famafrique.org/tic-mgf/EvaluationForumVirtuelMGF-TIC.pdf.

ENDA (2008b) : Projet TIC-MGF : « Analyse critique de la Revue par les paires », Dakar, 8 p. http://www.famafrique.org/tic-mgf/analysecritiqueRDP.pdf

ENDA (2008c) : Projet TIC-MGF : « L'excision sur les murs », Dakar, 11 p. http://www.famafrique.org/tic-mgf/SymposiumL'excisionSurLesMurs.pdf

ENDA (2008d) : Projet TIC-MGF : « Regards croisés sur l'excision à l'heure des TIC, Jeunes et genre, au cœur de la citoyenneté », Rapport d'évaluation du projet TIC-MGF, Dakar, 37 p. http:// www.famafrique.org/tic-mgf/ENDA-TIC-MGF-RapportEvaluation.pdf

ENDA (2008e) : Projet TIC-MGF : Liste « EvalTIC-MGF » et Groupe de discussion Evaluation http://fr.groups.yahoo.com/group/evalTIC-MGF/

ENDA (2008f) : Projet TIC-MGF : Liste « Chercheures TIC-MGF », http://groups.google.sn/group/chercheures?hl=fr

ENDA (2008g) : Projet TIC-MGF : Liste « EvalTIC-MGF » et Groupe de discussion Evaluation http://fr.groups.yahoo.com/group/evalTIC-MGF/

ENDA (2008h) : Projet TIC-MGF : Liste Equipes TIC-MGF, http :// groups.google.sn/group/equipesTIC-MGF?hl=fr

Enquêtes démographiques et de santé (Demographic and Health Surveys) : http://www.measuredhs.com/

Eveno E. Gueye C., Guibbert J.-J., Oillo D., Sagna O. (2008) : Introduction, in : « Sociétés africaines de l'information : illustrations sénégalaises » Netcom Vol 22 N° 1-2 et Netsuds, vol3.

Gaudet Stéphanie (2007) : « L'émergence de l'âge adulte, une nouvelle étape du parcours de vie ; Implications pour le développement de politiques » http:/ /www.policyresearch.gc.ca/doclib/DP_YOUTh_Gaudet_200712_f.pdf

Giraud, Pierre-Noël (2008) : « La mondialisation, émergences et fragmentations », Sciences Humaines Editions, 158 p.

Grawith Madeleine (2001) : « Méthodes des sciences sociales », Paris, Dalloz, 1019 p.

Hirata Helena, Laborie, Françise, Le Doare Hélène, Senotier Danièle (2000) : « Dictionnaire critique du féminisme », PUF, Paris, 315 p.

Kaplan Daniel (2005) : « Internet et innovation : Place de l'innovation dans la société de l'information » , http://www.internetactu.net/2005/ 06/23/internet-et-innovation-place-de-linnovation-dans-la-socit-de-linformation/

Marques-Pereira Bérengère (2003) : « La citoyenneté politique des femmes », Paris, A. Colin, 215 p.

Morel Cinq-Mars, José (2002) : « Quand la pudeur prend corps », Paris, PUF, 302 p.

Naji J.E. 16 : « L'appui et les limites de l'IEC aux campagnes de développement dans les pays du sud / Illustrations par le cas de la santé » http://www.sante.gov.ma/smsm/santecomun/appuilimites.htm

Ndiaye, Raphaël (1992) : « Correspondances ethno-patronymiques et parenté plaisantante : une problématique d'intégration à large échelle », environnement africain n° 31-32 vol VIII, 3-4 enda, Dakar.

No Peace Without Justice (2008) : « Déclaration du Caire Plus Cinq : Mettre fin aux MGF par une mise hors la loi définitive : un objectif que nous pouvons atteindre » http://www.npwj.org/_resources/ _documents/Uploaded-Files//Déclaration_Finale_Caire+5.pdf.

Organisation Internationale de la Francophonie (s.d.) : « Egalité des sexes et développement - concepts et terminologie » : http://genre.francophonie.org/ IMG/pdf/Egalite_des_sexes_et_developpement_- _concepts_et_terminologie.pdf.

Ortigues Edmond et Marie-Cécile (1984) : « Œdipe africain », Paris, L'Harmattan, 324 p.

Population Council : « Female genital cutting, Publications/resources » , CD-Rom.

Population Reference Bureau (2001) Liz Creel : « Abandonner l'excision féminine : Prévalence, attitudes et efforts pour y mettre fin » : http:// www.measuredhs.com/gender/fgc-cd/pdfs/ AbandoningFGC_Fr.pdf.

Population Reference Bureau (2005) « Abandonner la mutilation génitale féminine/excision », CD-Rom.

Protocole à la Charte Africaine des Droits de l'homme et des Peuples Relatif aux Droits des Femmes http://www.africa-union.org/Official_documents/ Treaties_Conventions_fr/Protocole_sur_le_droit_de_la_femme.pdf

Quelques règles… pour rendre un texte épicène : http://www.univ-lyon1.fr/servlet/ com.univ.collaboratif.utils.LectureFichiergw?CODE_FICHIER=1214250703552&amp ;ID_FICHE=91775

République du Mali (2006) **:** Programme National de Lutte contre la Pratique de l'Excision : Rapport général de la Conférence Sous-régionale Les Mutilations Génitales Féminines et la mise en Place du Protocole de Maputo », Bamako (Mali), 21–22 février 2006 http://www.pnle-mali.org/IMG/pdf/rapport2006.pdf.

République du Sénégal (2008) : Ministère de la Famille, de la Solidarité Nationale et de l'Entreprenariat Féminin et de la Micro Finance (2008) : « Atelier régional pour l'abandon de l'excision/ mutilation génitale féminine, Dakar, Sénégal, 13 octobre 2008, Rapport de synthèse, Dakar, 19 pages

Salouka P. Boureima (2008) : **«** Le Burkina déclare la Tolérance Zéro contre la pratique de l'excision », http://criged.org/index.php?view=article&catid=29:genre-jeunesse-sexualite&id=52:tolerance-zero&tmpl=component&print=1&page=

Sauvé Lucie (2000) : « L'éducation relative à l'environnement entre modernité et postmodernité Les propositions du développement durable et de l'avenir viable », http://www.unites.uqam.ca/ERE-UQAM/membres/articles/ERE4.pdf.

Sembene Ousmane (2005) « Moolaadé » (film)

Shaaban Layla M et Harbiso, Sarah (2005) : « Reaching the tipping point against female genital mutilation » , The Lancet, http://www.popcouncil.org/pdfs/frontiers/journals/lancet_fgc2005.pdf

Sulami Abdel Rahman (2001) : « La courtoisie en Islam » Iqra, Paris, 137 p.

Thiam Awa (1978) : « La parole aux négresses », Paris, Denoel – Gonthier, 189 p.

Tourné Karine (2001) : « Le chômeur et le prétendant, Les maux de la jeunesse ou l'impossible passage à l'âge adulte », *Égypte/Monde arabe*, http://ema.revues.org/index876.html.

UNICEF (2005a) : « Female Genital Mutilation/Cutting : A Statistical Exploration », 58 p. http://www.unicef.org/french/publications/files/FGM-C_final_10_October.pdf.

UNICEF (2005b) : « Changer une convention sociale néfaste : la pratique de l'excision/mutilation génitale féminine », Centre de recherche Innocenti, 54 p. http://www.unicef-irc.org/publications/pdf/fgm_fr.pdf.

UNICEF (2008) : « Evaluation à long terme du programme de Tostan au Sénégal : régions de Kolda, Thiès et Fatick », 96 p. http://www.childinfo.org/files/fgmc_tostan_fr.pdf.

Union interparlementaire : « Législation et autres textes de droit interne », Campagne parlementaire « halte a la violence contre les femmes, les mutilations sexuelles féminines, http://www.ipu.org/wmn-f/fgm-prov.htm.

Université Al Azhar (2006) : « Conférence mondiale des ulémas sur l'interdiction de la violation du corps de la femme » (22-23 novembre 2006), 1p. http://www.famafrique.org/tic-mgf/DeclaratAl-AzharMGFNov06fr.doc.

Université Al Azhar (2008) : « Égypte - Al-Azhar rejette un projet de loi visant à criminaliser l'excision » http://www.thememriblog.org/blog_personal/en/5997.htm.

Webographie

AIDOS : http://www.aidos.it/

Association Musso Dambe : http://www.associationmoussodambe-bf.cabanova.fr/

CI-AF : http://iac-ciaf.com/

CRDI : http://www.idrc.ca/

ENDA : http://www.enda.sn/

Famafrique : http://www.famafrique.org/

GEEP : http://www.geep.org/

GTZ : http://www.gtz.de/

Intact : http://www.intact-network.net

Jeunes de Ségou en avant – Niètaa : http://www.nietaassociation.fr.gd/

Les Jeunes changent l'Afrique : http://www.lesjeuneschangentlafrique.org

MGF-TIC, Portail citoyen des jeunes sur l'excision : http://www.ticetmgf.fr.gd/

Population Council : http://www.popcouncil.org/

Population Reference Bureau : http://www.prb.org/

Programme National de Lutte contre l'Excision (Mali) : http://www.pnle-mali.org/

Secrétariat Permanent du Comité de Lutte contre l'Excision (Burkina-Faso) : http://www.sp-cnlpe.gov.bf/

Stopfgmc : http://www.stopfgmc.org/

TIC-MGF : http://www.famafrique.org/tic-mgf/accueil.html

Tostan : http://www.tostan.org

UNICEF : http://www.unicef.org/

Other Titles by *Langaa* RPCIG

Francis B. Nyamnjoh
Stories from Abakwa
Mind Searching
The Disillusioned African
The Convert
Souls Forgotten
Married But Available
Intimate Strangers

Dibussi Tande
No Turning Back. Poems of Freedom 1990-1993
Scribbles from the Den: Essays on Politics and Collective
Memory in Cameroon

Kangsen Feka Wakai
Fragmented Melodies

Ntemfac Ofege
Namondo. Child of the Water Spirits
Hot Water for the Famous Seven

Emmanuel Fru Doh
Not Yet Damascus
The Fire Within
Africa's Political Wastelands: The Bastardization of Cameroon
Oriki'badan
Wading the Tide
Stereotyping Africa: Surprising Answers to Surprising Questions

Thomas Jing
Tale of an African Woman

Peter Wuteh Vakunta
Grassfields Stories from Cameroon
Green Rape: Poetry for the Environment
Majunga Tok: Poems in Pidgin English
Cry, My Beloved Africa
No Love Lost
Straddling The Mungo: A Book of Poems in English & French

Ba'bila Mutia
Coils of Mortal Flesh

Kehbuma Langmia
Titabet and the Takumbeng
An Evil Meal of Evil

Victor Elame Musinga
The Barn
The Tragedy of Mr. No Balance

Ngessimo Mathe Mutaka
Building Capacity: Using TEFL and African Languages as
Development-oriented Literacy Tools

Milton Krieger
Cameroon's Social Democratic Front: Its History and Prospects as
an Opposition Political Party, 1990-2011

Sammy Oke Akombi
The Raped Amulet
The Woman Who Ate Python
Beware the Drives: Book of Verse
The Wages of Corruption

Susan Nkwentie Nde
Precipice
Second Engagement

**Francis B. Nyamnjoh &
Richard Fonteh Akum**
The Cameroon GCE Crisis: A Test of Anglophone Solidarity

Joyce Ashuntantang & Dibussi Tande
Their Champagne Party Will End! Poems in Honor of Bate
Besong

Emmanuel Achu
Disturbing the Peace

Rosemary Ekosso
The House of Falling Women

Peterkins Manyong
God the Politician

George Ngwane
The Power in the Writer: Collected Essays on Culture, Democracy
& Development in Africa

John Percival
The 1961 Cameroon Plebiscite: Choice or Betrayal

Albert Azeyeh
Réussite scolaire, faillite sociale : généalogie mentale de la crise
de l'Afrique noire francophone

Aloysius Ajab Amin & Jean-Luc Dubois
Croissance et développement au Cameroun :
d'une croissance équilibrée à un développement équitable

Carlson Anyangwe
Imperialistic Politics in Cameroun:
Resistance & the Inception of the Restoration of the Statehood
of Southern Cameroons
Betrayal of Too Trusting a People: The UN, the UK and the Trust
Territory of the Southen Cameroons

Bill F. Ndi
K'Cracy, Trees in the Storm and Other Poems
Map: Musings On Ars Poetica
Thomas Lurting: The Fighting Sailor Tum'd Peaceable /Le marin
combattant devenu paisible
Soleil et ombre

**Kathryn Toure, Therese Mungah
Shalo Tchombe & Thierry Karsenti**
ICT and Changing Mindsets in Education

Charles Alobwed'Epie
The Day God Blinked
The Bad Samaritan
The Lady with the Sting

G. D. Nyamndi
Babi Yar Symphony
Whether losing, Whether winning
Tussles: Collected Plays
Dogs in the Sun

Samuel Ebelle Kingue
Si Dieu était tout un chacun de nous ?

Ignasio Malizani Jimu
Urban Appropriation and Transformation: bicycle, taxi and
handcart operators in Mzuzu, Malawi

Justice Nyo' Wakai
Under the Broken Scale of Justice: The Law and My Times

John Eyong Mengot
A Pact of Ages

Ignasio Malizani Jimu
Urban Appropriation and Transformation: Bicycle Taxi and
Handcart Operators

Joyce B. Ashuntantang
Landscaping and Coloniality: The Dissemination of Cameroon
Anglophone Literature

Jude Fokwang
Mediating Legitimacy: Chieftaincy and Democratisation in Two
African Chiefdoms

Michael A. Yanou
Dispossession and Access to Land in South Africa:
an African Perspevctive

Tikum Mbah Azonga
Cup Man and Other Stories
The Wooden Bicycle and Other Stories

John Nkemngong Nkengasong
Letters to Marions (And the Coming Generations)
The Call of Blood

Amady Aly Dieng
Les étudiants africains et la littérature négro-africaine d'expression
française

www.ingramcontent.com/pod-product-compliance
Lightning Source LLC
Chambersburg PA
CBHW021831020426
42334CB00014B/585